AF636870

Nidda
6
ichelsheim
Ranstadt
rstadt
A 45
dderau
9
Bruchköbel
A 66
Hanau
11

Durch das Scannen des QR-Codes werden Sie auf unsere Website geleitet (alternativ dazu finden Sie hier den Link: https://societaets-verlag.de/radeln-im-taunus/). Mit dem Passwort JetztRadeln! erhalten Sie Zugriff auf den geschützten Bereich. Dort können Sie die gewünschten Tracks kostenfrei herunterladen und mit einem Endgerät Ihrer Wahl auslesen lassen.

Sämtliche Tracks wurden vom Verlag nach bestem Wissen und Gewissen überprüft. Dennoch können wir Fehler und Abweichungen leider nicht ausschließen, beispielsweise, wenn sich Gegebenheiten vor Ort verändern.

Satz: Bruno Dorn, Societäts-Verlag

Umschlaggestaltung: Bruno Dorn, Societäts-Verlag

Umschlagabbildung: © Calado – stock.adobe.com

Karten: © openstreetmap-Mitwirkende

Druck und Verarbeitung: CPI books GmbH, Leck

Printed in Germany 2021

ISBN 978-3-95542-415-2

Besuchen Sie uns im Internet unter:

www.societaets-verlag.de

FSC
www.fsc.org
MIX
Papier aus verantwortungsvollen Quellen
FSC® C083411

Günther Gräning

Radeln im Taunus

24 einmalige Touren

SOCIETÄTS VERLAG

INHALT

VORWORT

Wenn es noch nicht erfunden wäre, so wäre es allerhöchste Zeit dafür: Zweifellos ist das Fahrrad das effektivste und umweltfreundlichste Verkehrsmittel. Und seit kurzem sieht es so aus, als wäre es auch bald das beliebteste.

Aber das ist noch nicht alles, denn das Fahrrad ist weit mehr als ein Verkehrsmittel: Man kann damit Sport treiben, verreisen, Brötchen einkaufen, Bier holen und seine Heimat und deren nähere Umgebung kennen lernen. Letzteres soll in diesem kleinen Buch geschehen. Es beschreibt Radtouren, die der Autor sämtlich im Sommer 2019 und im Frühjahr 2021 gefahren ist. Dabei hat er großenteils Strecken abgeradelt, die der Allgemeine Deutsche Fahrradclub (ADFC) Hochtaunus in seinem Radtouren-Angebot hat und mit Gästen und Mitgliedern seit mehreren Jahren regelmäßig befährt. Zum Naturerlebnis kommt dann die Gemeinschaft mit Gleichgesinnten hinzu.

Die Touren starten an unterschiedlichen Orten am Taunushang und führen auch dorthin zurück. Ihre Länge liegt zwischen 20 km und 100 km. Alle Touren zusammen bringen es auf etwa 1.300 km. Sie vermeiden Autostraßen und schlechte Wege, wo immer das möglich ist. Auf Sicherheit wird besonders geachtet. Schwerpunkt der Beschreibung sind Landschaft und Natur sowie Geschichte und Kultur. Dabei ist durchaus der Weg das Ziel. Die Touren umfassen den Bereich zwischen Weilburg und Seligenstadt, Feldberg und Vogelsberg, Frankfurt und Lich. Das Buch enthält Wegbeschreibungen, Fotos, Routenkarten und Hinweise auf die Infrastruktur. Und es ist für alle etwas dabei – für Erfahrene und Anfänger, für Sportliche und Alltagsradler.

Die Beschreibung der Radrouten ist auf dem Stand von 2019 bzw 2021. Erfahrungsgemäß hält keine Beschilderung ewig, unter anderem auch, weil Schilder mitunter absichtlich verdreht werden.

Wenn etwas falsch oder beschädigt sein sollte, bitte sich nicht lange wundern oder gar ärgern: Der ADFC Hessen hält unter www.adfc-hessen.de zwei Beschwerdewege bereit: die „Servicestelle Hessische Radfernwege“ und die „Meldeplattform“.

Auf geht's: lesen oder nachfahren oder beides!

Günther Gräning, im Juni 2021

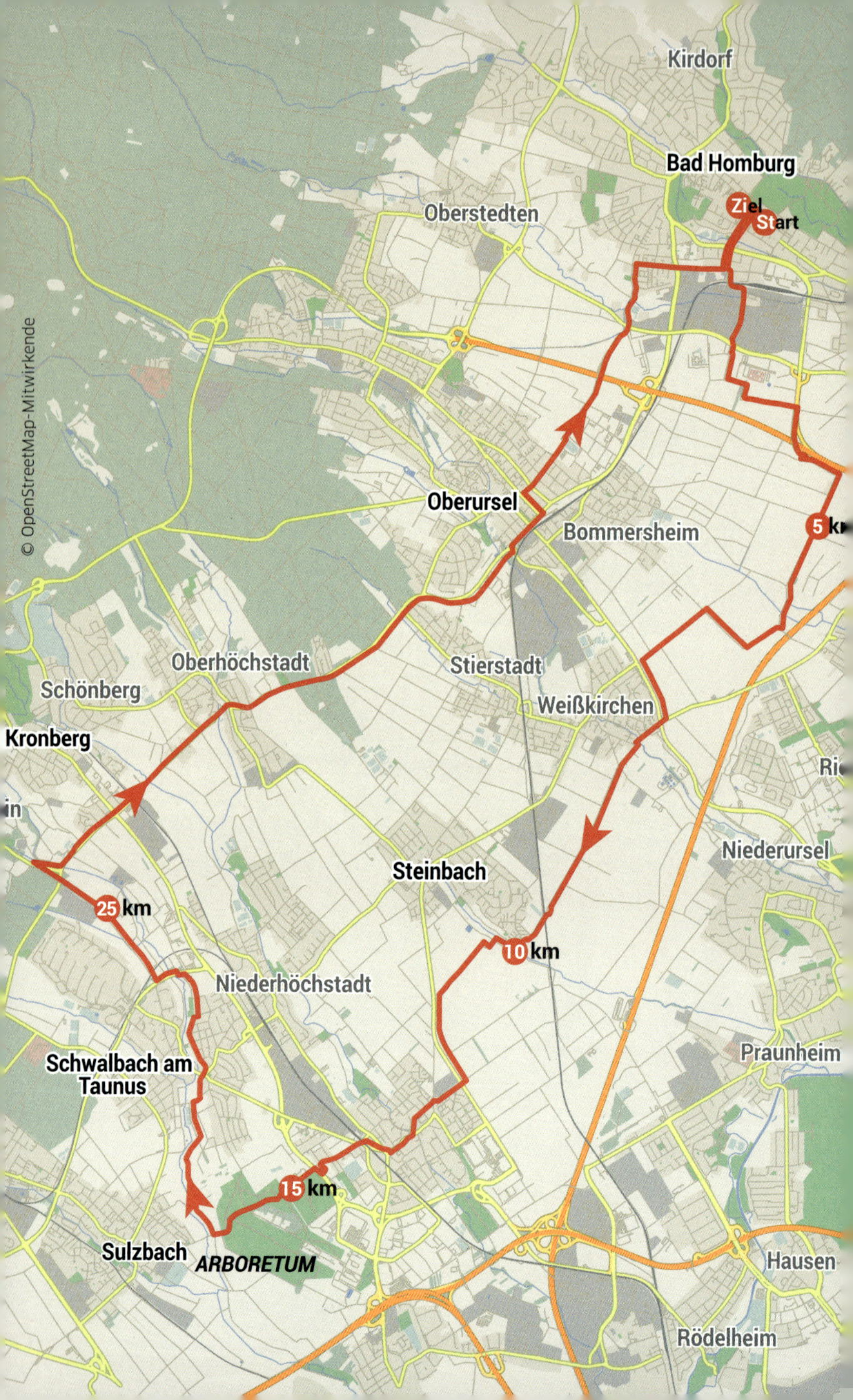
Kirdorf
Bad Homburg
Ziel
Start
Oberstedten
Oberursel
Bommersheim
5 km
Oberhöchstadt
Stierstadt
Weißkirchen
Schönberg
Kronberg
Niederursel
Steinbach
10 km
25 km
Niederhöchstadt
Praunheim
Schwalbach am Taunus
15 km
Sulzbach
ARBORETUM
Hausen
Rödelheim
© OpenStreetMap-Mitwirkende

01 RADELN ZUM VIER-GÖTTER-STEIN

Über Bäche und Brücken

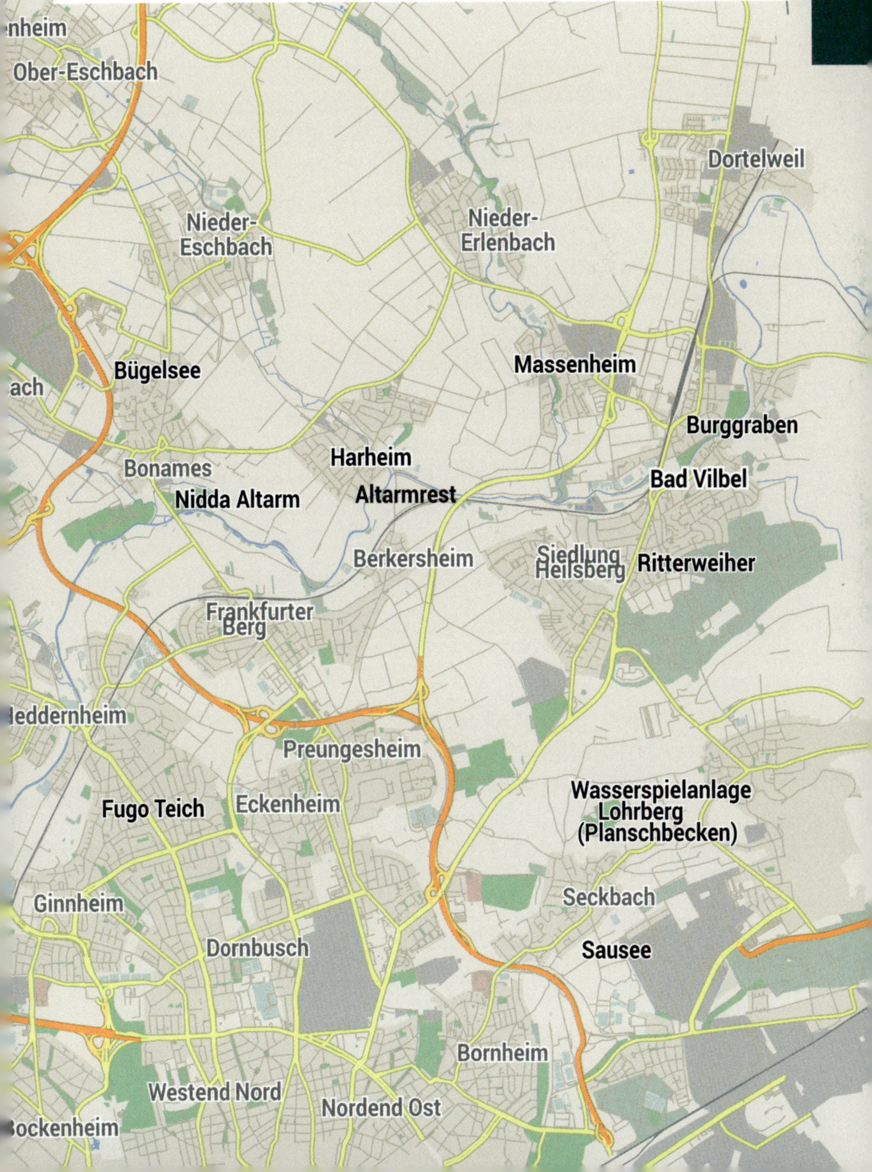

01 **RADELN ZUM VIER-GÖTTER-STEIN**

Über Bäche und Brücken

Start/Ziel: Kurhaus Bad Homburg v. d. Höhe
Streckenlänge: ungefähr 45 km
Schwierigkeitsgrad: leicht bis mittel, einige kurze Steigungen
Dauer: 3:00 – 3:30 h
Einkehrmöglichkeiten: Mehrere Rastmöglichkeiten unterwegs. Schlusseinkehr in der Oberurseler Innenstadt oder in Bad Homburg.

Der Taunushang ist durchzogen von zahlreichen Bächen, die mehr oder weniger parallel zur Nidda hinabfließen. Die heutige Radtour quert einige davon, die Radler erwartet dabei ein mäßiges, aber ständiges Auf und Ab.

Der Start befindet sich am Brunnen vor dem Bad Homburger Kurhaus. Es geht zunächst durch die Thomasstraße abwärts und dann mehr oder weniger geradeaus bis zum Landratsamt. Wir lassen das Kreishaus links liegen, überqueren die Zeppelinstraße und sind jetzt auf dem Bad Homburger Radrundweg. Dem folgen wir, vorbei am Tierfriedhof, bis kurz vor der Unterführung unter dem Autobahnzubringer das Zeichen des Regionalpark-Rundwegs, ein rotes Dreieck, auftaucht. Wir folgen dem Dreieck nach rechts und überqueren die Autobahn. Achtung: Etwa Hundert Meter hinter der Brücke zeigt das rote Dreieck scharf nach links! Nach einer weiteren Rechtskurve sind wir an der ehemaligen Bergbaugrube „Gnade Gottes" – bis hierher sind es etwa 5 Kilometer. Wie an vielen weiteren Stellen am Regionalpark-Rundweg steht hier ein Schild mit Erläuterungen zur Geschichte der Anlage. Ringsherum ist die typische Vortaunuslandschaft mit ihrem fruchtbaren Ackerland zu bewundern.

Weiter geht es geradeaus bergauf und dann wieder etwas steiler bergab. Wir folgen immer dem Regionalpark-Rundweg und nähern uns dem Oberurseler Stadtteil Weißkirchen. Links am Weg stehen einige Exemplare der seltenen Speierlingsbäume. Für eine kleine Pause bietet sich das Mais-Labyrinth mit weiteren Informationstafeln zur Landwirtschaft an, das direkt an der U-Bahn-Trasse liegt. Wir fahren weiter dem roten Dreieck nach bis zur nächsten Ampel (Vorsicht!) und nach rechts über die Kreuzung abwärts in Richtung Urselbach. Achtung: Kurz nach dessen Querung geht es bergauf und vor einer Rechtskurve nach links. Vorsicht beim Abbiegen!

Wir fahren weiter bergauf und dann auf einer langen Geraden bis zur Eisenbahnbrücke über die S-Bahn. Hinter der Brücke schwenkt der Weg nach links und geht bis zum Ortsrand von Steinbach. Vorsicht hier an einer unübersichtlichen Rechtskurve! Dann Hundert Meter steil bergab zum „Äppelwoi-Brückchen“ über den Steinbach mit einer weiteren Info-Tafel. Bis hierhin sind es etwa 10 Kilometer.

Unmittelbar hinter dem Brückchen kann man links abbiegen und erreicht nach wenigen Hundert Metern die zweitälteste Eisenbahnbrücke Hessens, auf der seit fast 180 Jahren die Züge von Frankfurt nach Homburg fahren. Nach ihrer Besichtigung geht es dann wieder zurück zum Regionalparkweg.

Durch das Arboretum

Von hier aus fahren wir weiter, immer dem roten Dreieck folgend, bis links der sogenannte „Schiefe Wald“ auftaucht (Info-Tafel), eine Gruppe von schrägstehenden Bäumen. Kurz danach erreichen wir die Landstraße und biegen nach links in den Radweg ein. Achtung: An der nächsten Ampel geht es scharf nach rechts und nach Eschborn hinein. Wir durchqueren den alten Ortskern (Vorsicht: rechts vor links!) und biegen an der Brücke über den Bach rechts ab. Bitte immer aufs rote Dreieck achten, das uns bis zum Bahnübergang führt.

Hinter der Bahn sofort nach links abbiegen und geradeaus fahren, bis die Schnellstraße nach Königstein auf einer Brücke überquert

Im Arboretum

wird. Jetzt erreichen wir nach insgesamt etwa 15 Kilometern die Einfahrt zum Arboretum. (Vorsicht: links an der Schranke vorbeifahren!) Das Arboretum, ein früherer Flugplatz, zeigt viele Baumarten und Sträucher der nördlichen Hemisphäre, deren Heimat auf Tafeln erklärt wird. Es wäre allein für sich schon einen Ausflug wert. Man kann aber auch geradeaus durchfahren bis zum Ausgang (Vorsicht: links an der Schranke vorbeifahren!). Hinter dem Ausgang geht es steil bergab, ehe scharf rechts vor dem Sulzbach der ausgeschilderte Regionalparkweg in Richtung Opel-Zoo abbiegt.

Ein Ausflugsziel, das den Blick in die Geschichte öffnet: der Vier-Götter-Stein.

Witzige Schilder

Diesem Weg folgen wir nun etwa zehn Kilometer lang. Das sollte man in gemütlichem Tempo tun, denn der Weg geht immer leicht bergauf, ist äußerst abwechslungsreich, enthält manch unübersichtliche Kurve und quert mehrere Straßen. Meist verläuft er unmittelbar am Bach, es gibt witzige Hinweisschilder auf Tiere im Opelzoo, in Schwalbach ein uraltes Steinkreuz und eine winzige weiße Kapelle.

Nach etwa 25 Kilometern ist der Vier-Götter-Stein erreicht. Es ist die Kopie eines sogenannten Jupiter-Steins, allerdings ohne Jupiter, aber mit vier „Hilfsgöttern“. Ringsherum gibt es Info-Tafeln und Sitzgelegenheiten. An einem uralten hohlen Birnbaum vorbei hat man einen schönen Blick nach oben auf die Stadt und Burg Kronberg.

Rothschild-Giraffen im Freigehege des Opel-Zoos

Folgt man dem Weg noch etwa zwei Kilometer, so erreicht man den Kronthaler Quellenpark mit der Gelegenheit, seine Wasservorräte aufzufrischen. Von hier wieder zurück zur Landstraße und nach links hoch bis zur Ampelkreuzung an der Straße Eschborn-Kronberg. Man kann ab hier den grünen Radwegschildern folgen. Weiter geradeaus auf dem Radweg an der Straße über die S-Bahn und einen Bach bis Oberhöchstadt. Hier geht es kurz steil bergauf und dann in Richtung Oberursel auf dem Radweg links der Landstraße. Der Radweg wechselt kurz vor Stierstadt auf die rechte Straßenseite. Weil die Autos hier relativ schnell fahren, sollte man die Straße unbedingt an der Ampel kreuzen!

Es geht dann bergab bis zur nächsten Ampel, anschließend rechts auf dem Radweg weiter in Richtung Bahnhof Oberursel. Bitte immer auf die grünen Radwegweiser achten! Mit deren Hilfe erreicht man mühelos nach weiteren fünf Kilometern die Bad Homburger Innenstadt. Dort angekommen, sind wir insgesamt rund 45 schöne Kilometer geradelt.

02 MIT DEM RAD DIE LANDGRAFSCHAFT ERFAHREN

Spritzige Rundtour zu Homburgs Herrschern

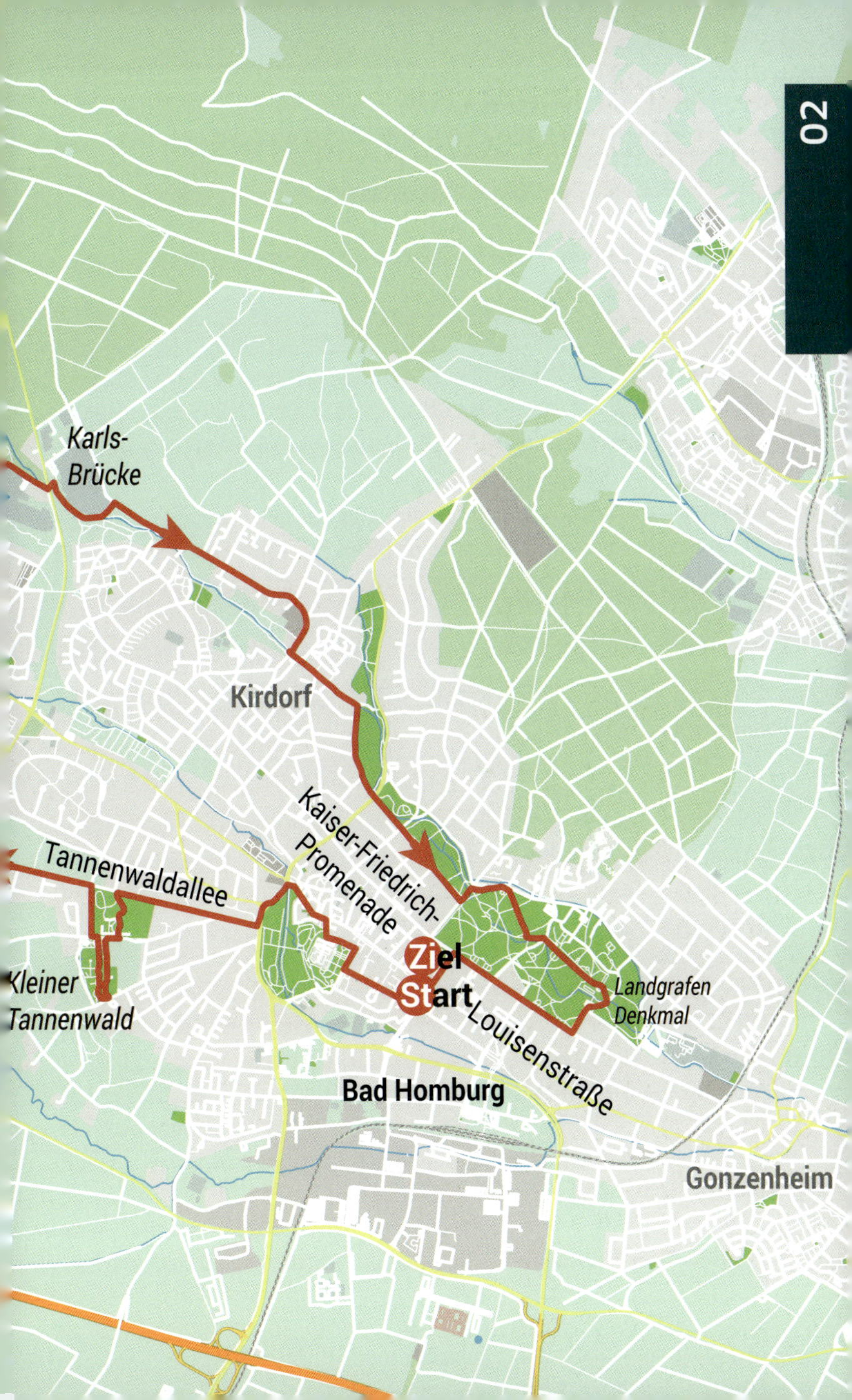
Karls-
Brücke
Kirdorf
Kaiser-Friedrich-
Promenade
Tannenwaldallee
Kleiner
Tannenwald
Ziel
Start
Landgrafen
Denkmal
Louisenstraße
Bad Homburg
Gonzenheim

02 **MIT DEM RAD DIE LANDGRAFSCHAFT ERFAHREN**

Spritzige Rundtour zu Homburgs Herrschern

Start/Ziel: Kurhaus Bad Homburg v. d. Höhe
Streckenlänge: ungefähr 25 km
Schwierigkeitsgrad: leicht bis mittel, eine kurze anspruchsvolle Steigung zum Elisabethenstein
Dauer: 1:30 - 2:00 h
Einkehrmöglichkeiten: Kiosk am Minigolfplatz; Hirschgarten; Gotisches Haus; Ortskern Kirdorf; Innenstadt Bad Homburg.
Diese Tour ist eine Rundfahrt durch Teile der Stadt und des Stadtwalds von Bad Homburg. Sie führt gezielt zu Orten, die mit dem Geschlecht der Landgrafen von Hessen-Homburg (1622 - 1866) verbunden sind.

Start ist am Kurhaus. Über Thomas- und Dorotheenstraße geht es zum Gartenportal des Bad Homburger Schlosses mit Blick auf die riesige Zeder. Durch die Löwengasse und an der Orangerie vorbei fahren wir durch das äußere und dann durch das innere Schlosstor bis in den Innenhof an den Weißen Turm. Über dem inneren Tor sprengt ein barocker Reiter aus der Mauer. Das ist er, der berühmte Landgraf Friedrich II mit dem silbernen Bein. Das Schloss ist sein Werk – vielmehr das seines genialen Baumeisters Paul Andrich, der ihm schon sein silbernes Bein gebastelt hatte. Das geschah in Neustadt an der Dosse etwa im Jahre 1662. Hier war Andrich Baumeister im Dienste des damaligen Prinzen Friedrich von Homburg. Das Bein hatte er im Dienste der Schweden verloren und sich danach in Brandenburg niedergelassen. Man lese in den berühmten „Wanderungen durch die Mark Brandenburg“ von Theodor Fontane im ersten Band das Kapitel über „Prinz Friedrich von Homburg“ und sei-

Tempel im Gustavsgarten

Es sind vom Kurpark bis zum Kurhaus zurück nur wenige Hundert Meter. Wohl der bekannteste Homburger in der langen Geschichte der Stadt: Der spätere Landgraf Friedrich II. mit dem silbernen Bein erlangte als „Prinz Friedrich von Homburg“ nicht nur literarisch Weltruhm. Die Homburger verdanken ihm ihr Schloss – am Portal zum oberen Schlosshof wurde der Landesherr in Stein verewigt.

ne Leistungen für die Stadt Neustadt. Heute noch ist der Prinz dort allgegenwärtig, so dass die Hauptstraße „Prinz-von-Homburg-Straße“ heißt. Auch eine große Schule ist nach ihm benannt, ganz in der Nähe des berühmten preußischen Gestüts.

Weiter geht es über die Ritter-von-Marx-Brücke über die Altstadt zum Untertor und an der Kreuzung nach links bis zum Anfang der Tannenwaldallee rechts. Hier befindet sich eine Informationstafel zur Landgräflichen Gartenlandschaft, die wir nun durchqueren. Unsere kleine Reise geht weiter leicht aufwärts bis zur Einfahrt in den Gustavsgarten links.

Der kleine Garten mit der Villa Wertheimber darin ist sehenswert, genauso wie der Kleine Tannenwald, den man erreicht, wenn man den Gustavsgarten durchquert hat. Man fährt jetzt weiter um den Teich mit der kleinen Insel herum und kommt im Wäldchen dahinter zum landgräflichen Eiskeller. Auf Knopfdruck läuft ein kurzer Film mit der Geschichte des Eiskellers. Es geht zurück zum Bad Homburger Radrundweg (Wegweiser beachten!) und auf der Tannenwaldallee leicht aufwärts. Man überquert auf einer Brücke die Bundesstraße und kommt auf einer schönen Kastanienallee zum Gotischen Haus.

Am Pferdegrab

Kurzer Besuch am landgräflichen Pferdegrab ganz in der Nähe: „Hier liegt das schönste Pferd begraben, das alle Tugenden vereint. Könnt man mit Tieren Freundschaft haben, so läge hier mein Freund." Weiter aufwärts bis zum Abzweig Richtung Forellengut, hier nach rechts und an der landgräflichen Baumschule vorbei zum Teehaus. Auf dem Waldweg am Zaun kommt man aufwärts zum Hirschgarten. Es gibt einen Minigolfplatz und einen Kiosk, an dem man sich für die weitere Strecke stärken kann, zumindest während der Öffnungszeiten.

Ab jetzt muss man tapfer sein, denn es geht weiter auf der Tannenwaldallee an der Bus-Endstation vorbei steil aufwärts zum beeindruckenden Elisabethenstein. Kurz dahinter liegt die Leopoldsbrücke. Auch dort steht eine Info-Tafel. Prinz Leopold gehörte zu dem halben Dutzend Homburger Prinzen, die am Befreiungskrieg gegen Napoleon beteiligt waren (Napoleon verzweifelt: „Je vois partout un Hombourg!"). Er ist an der Oder gefallen und wurde dort zunächst begraben, bis man bemerkte, um wen es sich handelte. Sein Leichnam wurde dann in die Homburger Schlosskirche überführt.

Der höchste Punkt der Tour ist erreicht. Zunächst zurück auf der abschüssigen Tannenwaldallee bis zum Abzweig zur Saalburg links. Dort nach links hin zum Bach und dann auf einem schönen, sich schlängelnden Waldweg rechts abwärts am Gestüt Erlenhof vorbei nach Dornholzhausen. Wir folgen dem Bad Homburger Radrundweg durch den Golfplatz. Dahinter fahren wir vorsichtig über eine kurze steile Abfahrt und über eine Brücke am Bach unter der Karlsbrücke hindurch. Auf der anderen Seite weiter auf dem Rundweg bis zum Sportheim. Hier verlassen wir den Rundweg und fahren auf dem Usinger Weg bis zum alten Ortskern Kirdorfs. Am Kirdorfer Kreuz steht an der Bachstraße das einzige Haus, das den Brand von 1622 überstanden hat – im ersten Jahr der Landgrafschaft, zu der aber Kirdorf damals noch nicht gehörte. Weiter abwärts durch die Landgrafenstraße zum Kurpark. Links davon führt der Radweg weiter. Hinter der goldenen Thai-Sala geht es rechts hinunter, bis im Kurpark der Obelisk des Landgrafendenkmals auftaucht. Es stammt vom Beginn des 20. Jahrhunderts und rühmt die militärischen Erfolge der Homburger Prinzen, vor allem gegen die Franzosen. Im Mittelpunkt steht der spätere Landgraf Friedrich II und sein berühmter Beitrag zum Sieg des Kurfürsten von Brandenburg gegen die Schweden bei Fehrbellin im Jahre 1675. Heinrich von Kleist hat ihm ein literarisches Denkmal gesetzt.

Die Wahrheit ist vermutlich viel profaner: Prinz Friedrich hatte sein Wohnhaus und seine Pferde im geliebten Neustadt/Dosse. Als er hörte, dass ein schwedisches Heer marodierend auf Neustadt zumarschierte, warf er sich, silbernes Bein hin oder her, aufs Pferd und ritt samt Kurfürst und brandenburgischem Heer dem Feind entgegen. Bei Fehrbellin kam es zur Schlacht. Friedrich wartete nicht auf die Infanterie, sondern schlug sofort nur mit Kavallerie und Artillerie zu – mit überwältigendem Erfolg. Folge: europaweiter Ruhm. Dass er als Landgraf später dann auch noch Friedrichsdorf gründete, sei nur der Vollständigkeit halber erwähnt.

Das einzige Haus, das den Kirdorfer Brand von 1622 überstanden hat.

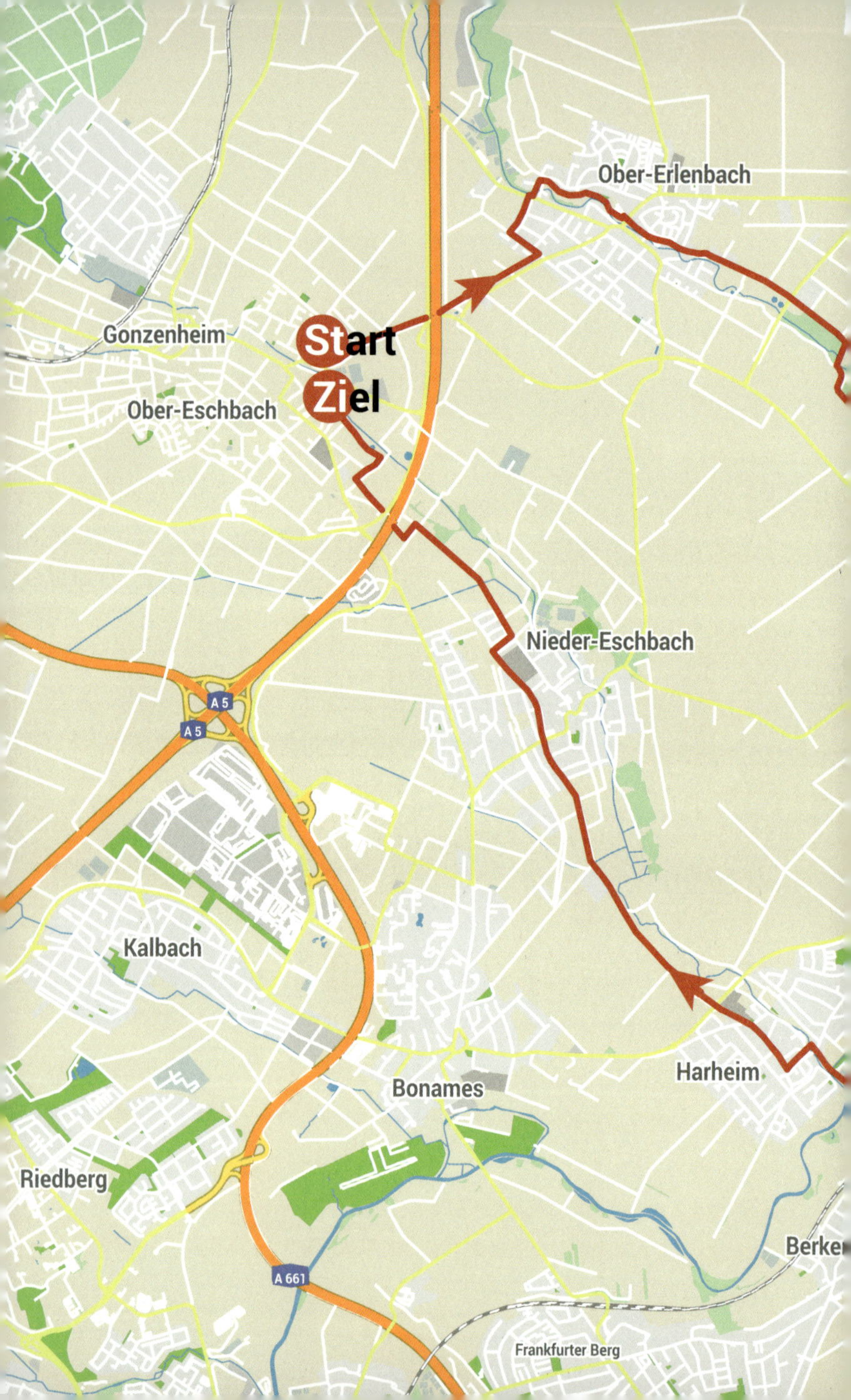
Ober-Erlenbach
Gonzenheim
Start
Ziel
Ober-Eschbach
Nieder-Eschbach
A 5
A 5
Kalbach
Harheim
Bonames
Riedberg
Berke
A 661
Frankfurter Berg

03 **DURCH AUEN, GÄRTEN UND PARKS**

Wenig Steigung, viel Historie

03 DURCH AUEN, GÄRTEN UND PARKS

Wenig Steigung, viel Historie

Start/Ziel: Ober-Eschbach, Parkplatz an der Albin-Göhring-Sporthalle
Streckenlänge: ungefähr 30 km; vom Kurhaus Bad Homburg aus 35 km; von Oberursel aus 45 km
Schwierigkeitsgrad: leichte Tour ohne Steigungen
Dauer: 2:15 - 3:15 h (je nach Route)
Einkehrmöglichkeiten: Hof-Café im Dottenfelder Hof oder diverse Gastronomen in Bad Vilbel und Harheim.

Eine moderate Tour, eine schöne Landschaft und ein sehenswertes Ziel – das erwartet uns auf der heutigen Tour, die in den benachbarten Wetteraukreis führt. Dabei kann man problemlos von mehreren Punkten starten – wir haben uns als Ausgangspunkt den Parkplatz an der Albin-Göring-Sporthalle in Ober-Eschbach ausgesucht.

Neben der Sporthalle führt links die zurückgebaute Landstraße nach Ober-Erlenbach. Nach wenigen Metern queren unseren Weg sowohl der Bad Homburger Rad-Rundweg als auch die Regionalparkroute. Wir jedoch fahren geradeaus, unterqueren die Autobahn und kommen hinter einem Pferdehof nach Ober-Erlenbach, in den östlichsten Stadtteil von Bad Homburg. Jetzt immer den grünen Radwegweisern im Zickzack durch den Ort folgen. Im Kreisverkehr nach links und dann nach 50 Metern scharf nach rechts in einen schmalen Radweg durch die Gärten. Bitte Vorfahrt beachten an mehreren Straßenkreuzungen! Weiter geht es parallel zum Erlenbach bis zum Ortszentrum, dann geradeaus an der Kläranlage und an einem Reiterhof vorbei, rechts führt die Strecke an einem Insektenhotel über den Erlenbach, dann sofort nach links abbiegen. Vorsicht, der Weg enthält viele rollende Kieselsteine!

Begegnung mit Luther

Die Landschaft ist hier sehr idyllisch, unten liegt auf der linken Seite die Erlenbachaue. Der Bach selbst ist nur im Frühjahr und im Winter sichtbar, wenn die Bäume nicht belaubt sind. Es geht wieder abwärts, bis unten von links der mit einem grünen „L" ausgeschilderte Lutherweg kommt. Martin Luther zog hier im Jahre 1521 mühsam im Pferdekarren zunächst nach Frankfurt und dann weiter nach Worms zum Reichstag.

Wir kommen nun in die Gärten und Grünanlagen von Nieder-Erlenbach, die wir der Länge nach durchqueren. Wer mit der Familie unterwegs ist, für den ist der dortige Spielplatz vielleicht eine Pause wert. Am Ende der Grünanlagen geht es hoch zur Straße, dort nach rechts und geradeaus bis zum Ende der Straße. Hier rechts nach Bad Vilbel abbiegen, auf der Straße kurz nach links, dann auf der zurückgebauten Straße geradeaus und an der Fußgängerampel auf die andere Seite. Hier fahren wir links und dann auf die alte Homburger Straße, dort geradeaus und am dritten Kreisverkehr rechts. Die Tour führt parallel zur Bahn an die Nidda und dann links unter der Eisenbahnbrücke hindurch.

Auf dem Nidda-Radweg kommen wir in den Kurpark von Bad Vilbel. Bitte besondere Rücksicht nehmen auf die Fußgänger! Sehenswert ist die neue Bibliotheksbrücke, auf der man sitzen und über der Nidda Kaffee trinken kann. Es folgt links das römische Unterwasser-Mosaik aus Bad Vilbel – es ist zwar nur eine Kopie, aber durchaus eindrucksvoll. Am nächsten Straßenübergang bitte Vorsicht auf dem Zebrastreifen, denn nicht alle Autos halten an. Rechts liegt das alte Stadtzentrum mit Markt und Rathaus. Danach kommt links die Wasserburg, in der im Sommer die Burgfestspiele stattfinden.

Sehenswert: das römische Mosaik in Bad Vilbel.

Brunnen & Quellen

Weiter geht es an der Nidda auf dem sehr schönen Weg durch den Park bis zur Kohlensäure-Scheideanlage auf dem anderen Flussufer, die über eine Brücke erreichbar ist. Wir befinden uns hier im Bereich der berühmten Bad Vilbeler Brunnen und Quellen. Es geht 50 Meter zurück, dann hoch auf die Straßenbrücke über die Nidda und bis zur nächsten Abzweigung nach links. Nach wenigen Metern ist der Dottenfelder Hof erreicht.

Auf dem landwirtschaftlichen Anwesen gibt es viel zu sehen. Es werden – außer sonntags – biologisch hochwertige Produkte verkauft. Hier gibt es ein Café, einen Kinderspielplatz, Schweine, Kühe, eine Menge freilaufender Hühner und leider auch meist viele geparkte Autos. Sehenswert ist auch das historische Ambiente. Auf Hinweistafeln stehen zudem interessante Erläuterungen über biologische Landwirtschaft und die Geschichte des Hofes, die auf einen Kaiser aus dem Mittelalter zurückgeht.

Als wäre die Zeit stehen geblieben. Das historische Ambiente des Dottenfelder Hofes ist nicht nur sehenswert – hier kann man sich auch stärken.

Der Rückweg führt zunächst wieder an die Nidda. Nach ein paar Kilometern flussabwärts kommen wir in Frankfurt-Harheim an eine Brücke, die nach links über den Fluss führt. Wir biegen rechts ab und fahren in Richtung Ortsmitte. Links auf der anderen Seite des Eschbachs gibt es eine weitere Einkehrmöglichkeit mit einem Bier- und Apfelweingarten. In der Ortsmitte halten wir uns links und folgen der Straße bis in den Nieder-Eschbacher Stadtweg. Dann immer geradeaus durch Nieder-Eschbach. Bitte an allen Kreuzungen auf die Vorfahrt achten! Hinter dem Friedhof rechts und am Ende der Straße links fahren – auf dem Gartenweg in Richtung Bad Homburg.

Neben der U-Bahn unterqueren wir die Autobahn und treffen wieder auf den Bad Homburger Rundweg und die Regionalparkroute. Jetzt nach rechts und vor dem Eschbach links am Klärwerk vorbei bis zur Holzbrücke, dann rechts zur Albin-Göhring-Halle zurück.

04 AUF GROSSER RUNDE UM DEN STEINKOPF

Radeln an Erlenbach und Usa

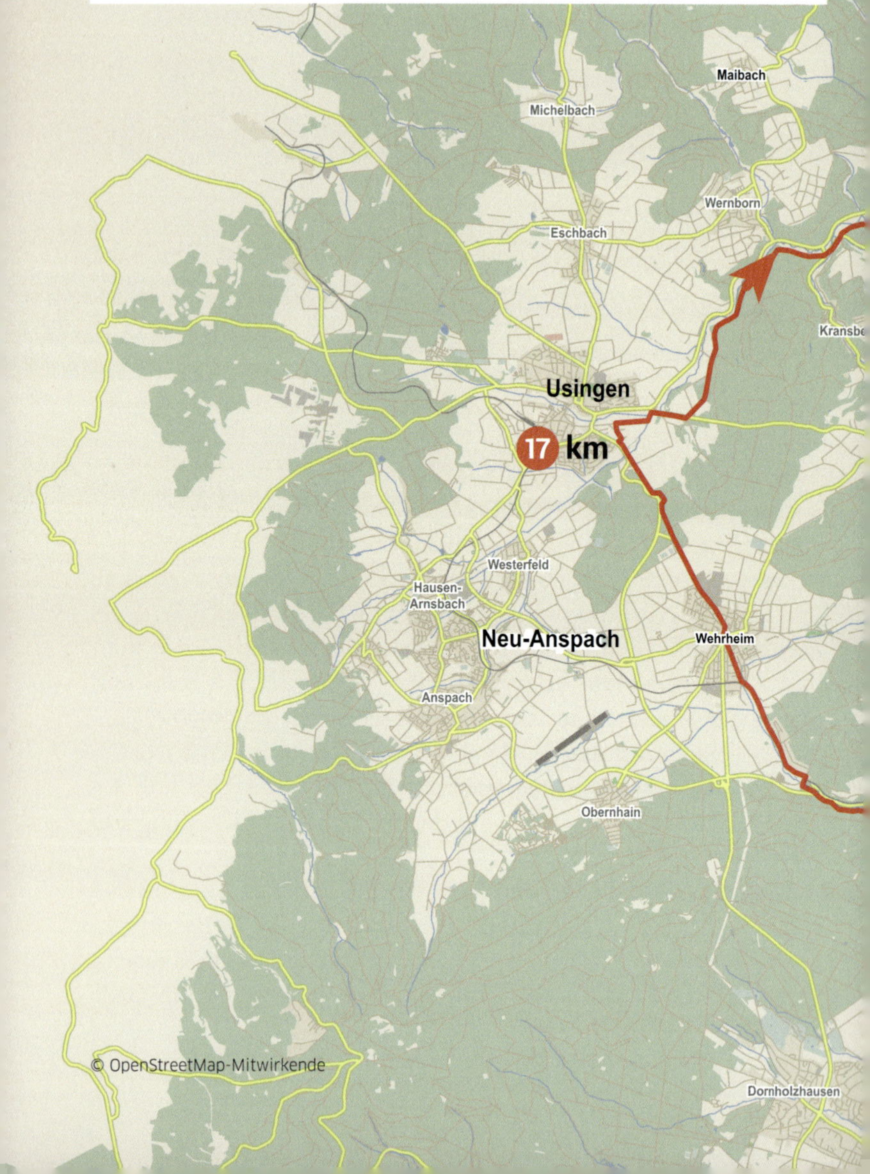

Steinfurth
Fauerbach
Nieder-Mörlen
Wisselsheim
Ober-Mörlen
Langenhain-
Ziegenberg
Rödgen
Schwalheim
Friedberg
Ockstadt
Fauerbach
40 km
Ober-Rosbach
Rosbach
Ober-Wöllstadt
Wöllstadt
Nieder-
Wöllstadt
Köppern
Rodheim
Dillingen
Start
Ziel
Friedrichsdorf
Okarben
Seulberg
Petterweil
Groß-Karben
Kloppenheim
Karben

04 AUF GROSSER RUNDE UM DEN STEINKOPF

Radeln an Erlenbach und Usa

Start/Ziel: Bahnhof Friedrichsdorf
Streckenlänge: ungefähr 60 km
Schwierigkeitsgrad: anspruchsvoll
Dauer: 4:30 - 5:00 h
Einkehrmöglichkeiten: Bad Nauheim am Kurpark; Kaiserstraße in Friedberg

Die heutige Fahrradtour führt rund um den markanten Steinkopf, den mit 518 Meter Höhe höchsten Gipfel des nordöstlichen Taunus, von Friedrichsdorf über Wehrheim, Usingen und Butzbach nach Friedberg.

Start ist am Bahnhof Friedrichsdorf. Es geht in Richtung Innenstadt. In der Hugenottenstraße hat man den Eindruck einer typischen Siedlung französischer Emigranten mit schnurgerader Hauptstraße. Am nördlichen Ende der Straße fährt man links und weiter auf dem rechtsseitigen Radweg bis zum Bahnübergang in Köppern. Direkt dahinter geht es nach links und auf dem schmalen Sandweg an der Bahn entlang, weiter am Waldkrankenhaus vorbei. Der Weg ist holprig, bis rechts eine Brücke über den Bach führt. Dahinter gleich wieder links fahren und an der Landstraße weiter auf dem Radweg zwischen Erlenbach und Landstraße fahren. Leider ist es dort wegen der schnell fahrenden Autos laut, aber man hat dafür mit einem ganz allmählich ansteigenden Radweg den bequemsten Weg ins „freie Germanien“ jenseits des Limes.

Schmale Brücke

Die Taunusbahn überquert Straße und Radweg auf einer Brücke. Rechts hinter der Bahnstrecke befindet sich ein großer Steinbruch, hier wird Taunus-Quarzit abgebaut.

Kurz vor dem Freizeitpark Lochmühle aufpassen: Der Weg über die Brücke ist sehr schmal. Direkt dahinter nach links und zusammen mit dem Erlenbach unter der Straße hindurch. Unmittelbar vor dem Freizeitpark verläuft der Limes, links sind die Reste des römischen Kleinkastells zu sehen. Weiter geht es rechts zum Bahnübergang, dann nach links, entlang der Bahn, nach Wehrheim. Erst Richtung Ortsmitte, dann Richtung Usingen, aufwärts an der alten Landstraße bis zum Sportplatz. Achtung: Ab da geht es sehr steil und kurvig durch den Wald abwärts. Im Tal folgt eine Links-Rechts-Kurvenkombination. Bitte unbedingt rechtzeitig abbremsen (mit beiden Bremsen!).

Auf einer Brücke wird die Usa überquert, dann geht es über einen Sandweg durch die Kleingärten bis zum Schild „An der Beund". Ab hier leitet uns der hessische Radfernweg R6. Er gehört bis Ober-Mörlen zu den schönsten Wegen der gesamten Region. Nach etwa einem Kilometer gibt's zunächst eine kurze Enttäuschung: Es geht scharf nach rechts und an der Landstraße aufwärts. Aber dann wird es wieder angenehmer: links an der Pferdekoppel weiter in Richtung Friedberg. Achtung: ab hier Kurven und teils sehr steile Auf- und Abfahrten! Man fährt sehr schön am Waldrand oberhalb der Usa. An manchen Stellen sollte man auch einmal anhalten, um die Ausblicke in Ruhe zu genießen. Bitte unbedingt auf die grünen Schilder Richtung Ober-Mörlen und Friedberg achten! Kurz hinter der Straße nach Friedrichsthal geht es steil hoch am Holzberg vorbei. Unmittelbar vor der Grenze zum Wetteraukreis befindet sich ein Ringwall, hinter dem sich wohl schon zu Urzeiten die Taunus-Bewohner gegen Fieslinge aus der Wetterau verteidigt haben. Heute herrscht Frieden.

Auf den Wald folgt eine herrliche Wiesenlandschaft. Ab hier heißt der Weg dann endlich Usa-Radweg. In Langenhain-Ziegenberg

Entlang des Wegs plätschert die Usa vor sich hin.

Wechsel auf die andere Seite der Bundesstraße. Hier wird erneut der Limes gekreuzt. Weiter durch Siedlungen, Wiesen und Gärten, bis zur Kapelle „Maria zum guten Rat". Jetzt an der Ampel über die Bundesstraße und nach links weiter auf dem Radweg unter der Autobahn hindurch nach Nieder-Mörlen – immer in Richtung Bad Nauheim. An der Hindenburgstraße kommt der Lutherweg von links (grünes L). Hier rechts abbiegen und dann wieder links zum Geologie-Park an der Sporthalle. Wie die urzeitlichen Kontinente zu den Gesteinen passen, kann man hier hautnah erfahren und ertasten. Man suche den Quarzit, um zu lernen, wie alt der Taunus ist!

Beeindruckender Kurpark

Weiter nach Bad Nauheim und quer durch den Ort am Kurpark vorbei, dabei immer den grünen Radwegweisern folgen. Sehenswert im Usa-Tal sind das Jugendstil-Bad, der Sprudelhof und fünf Gradierwerke. Und wenn man die kleine Mühe nicht scheut: Jenseits des Hügels im Wetter-Tal liegen das Schwalheimer Rad mit Holzgestänge und das Rosendorf Steinfurth.

An Kurpark und Gradierwerken vorbei an der Usa in Richtung Friedberg. Steil hoch an der Burg vorbei in die Stadt in die Kaiserstraße, wenn man einkehren will. Man achte auf der Kaiserstraße (leider immer noch verkehrsreich) auf die Häuser, die teilweise aus

Das beeindruckende Gradierwerk im Bad Nauheimer Südpark ist eine der Hauptattraktionen auf der Route.

dem Mittelalter stammen! Die Burg zu besichtigen, lohnt auch. Oder aber man vermeidet den steilen Anstieg und fährt unterhalb der Altstadt vorbei – immer den grünen Radschildern nach – durchs Gewerbegebiet Friedberg-Süd. Jetzt in Richtung Rosbach über die Bahn, im Zickzack über die für die Wetterau typischen weiten Felder am Rosbacher Brunnen vorbei. Von Niederrosbach nach Rodheim auf dem Radweg an der Landstraße Dann hoch nach Burgholzhausen, weiter in Richtung Friedrichsdorf auf dem Radweg an der Straße, über die Autobahn hinweg und schließlich wieder zum nördlichen Ende der Hugenottenstraße.

Oberursel
Start
Ziel
Stierstadt
Weißkirchen
Riedberg
Niederursel
Steinbach
Niederhöchstadt
Praunheim
A 66
Hausen
Sulzbach
Rödelheim
Sossenheim
A 648
A 648
Höchst
Nied
Schwanheim
© OpenStreetMap-Mitwirkende

05 PER PEDALE ZUR KLEINMARKTHALLE

Radtour ins Herz der Mainmetropole

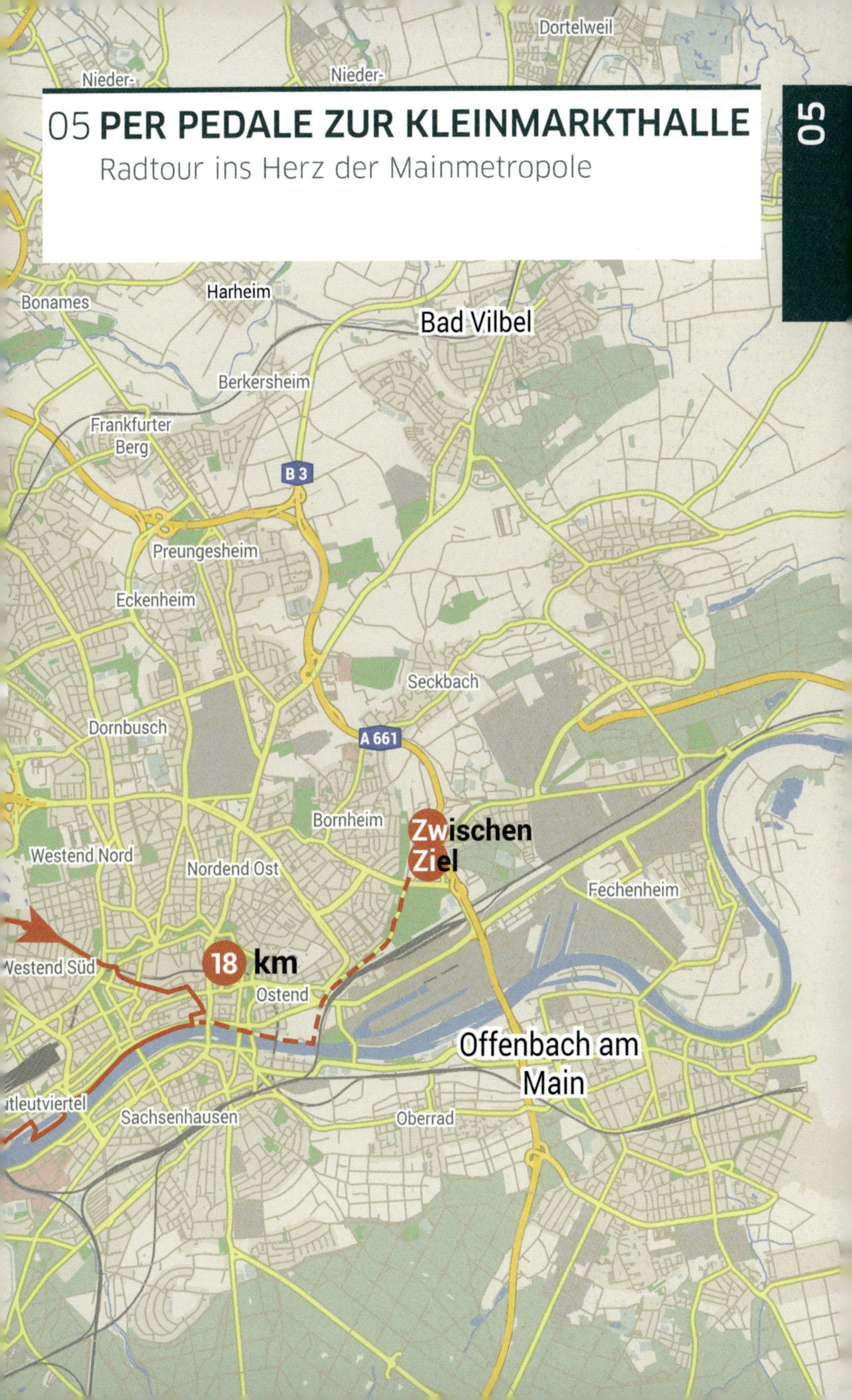

05 PER PEDALE ZUR KLEINMARKTHALLE

Radtour ins Herz der Mainmetropole

Start/Ziel: Bahnhof Oberursel
Streckenlänge: ungefähr 40 km
Schwierigkeitsgrad: leicht; ab Konstablerwache kann man auch die Bahn zurück nach Oberursel nehmen
Dauer: 2:45 – 3:15 h
Einkehrmöglichkeiten: Kleinmarkthalle; zahlreiche Möglichkeiten entlang der Route

Start zu dieser Radtour ist am Bahnhof Oberursel. Sie führt zunächst durch landwirtschaftlich geprägte Gegenden, dann durch die Stadt Frankfurt. Das ist nicht unbedingt jedermanns Sache, aber wenn man dieser Beschreibung folgt, dürfte das Radeln auch für skeptische Zeitgenossen problemlos sein. Natürlich ist der Verkehr in der Stadt teilweise heftig, aber unsere Strecke vermeidet fast völlig Wege, die man sich mit Autos teilen muss. Dennoch ist ständige Vorsicht geboten – aber das gilt beim Radeln ja ohnehin.

In Oberursel überqueren wir die Gleise der U-Bahn und fahren nach links parallel zur U-Bahn zunächst in Richtung Eschborn/Steinbach. Dabei ist es ratsam, sich ständig an den grünen Radwegweisern zu orientieren, die an jeder Ecke stehen. Nach ein paar Kurven rauscht unter uns der Urselbach. Danach geht's parallel zur S-Bahn in Richtung Stierstadt, an der Haltestelle der Bahn vorbei und kurz geradeaus über die Hauptstraße. Achtung: Hier fahren wir nicht weiter geradeaus in Richtung Steinbach, sondern links aufwärts in Richtung Frankfurt. Nach wenigen Metern auf einem Sandweg führt die Tour weiter an der Bahn entlang, bis wir auf die Regionalparkroute stoßen. Wir folgen ihr nach rechts und kommen an den Ortsrand von Steinbach. Achtung: scharfe Kurve und steile Abfahrt zum Äppelwoibrückchen über den Steinbach!

Unmittelbar dahinter geht es nach links zur zweitältesten Eisenbahnbrücke Hessens, die rund 180 Jahre auf dem Buckel und entsprechend viele Züge getragen hat. Heute wird hier die S-Bahn unterquert, und es geht jetzt geradeaus immer dem Weg nach in Richtung Frankfurt. Die Strecke führt unter der Autobahn hindurch und weiter abwärts. Ab dem Ortsrand von Praunheim begleitet uns die U-Bahn und eine belebte Straße. Wir fahren weiter geradeaus auf dem Radweg, aber vorsichtig, weil er schmal ist und oft gekreuzt wird. Nach der Überquerung der Autobahn (Vorsicht an den Ausfahrten, rechts abbiegende Autos!) und der Nidda kommen wir zur Straße Am Industriehof. Es geht geradeaus weiter auf der Radspur auf die Brücke über die Main-Weser-Bahn bis zur nächsten Ampel. Hier fahren wir nach links über die Straße und nach wenigen Metern wieder nach rechts. An der nächsten Ecke links abbiegen in die Friesengasse. Ab jetzt entgegen der Einbahnstraße durch die Leipziger Straße. Es empfiehlt sich dringend, hier langsam und vorsichtig zu fahren, weil einem ständig Autos entgegenkommen, die Straße schmal ist und es auf beiden Seiten viel zu sehen gibt. Man kann überall essen, trinken und einkaufen.

Am Ende der Leipziger Straße empfängt uns die Bockenheimer Landstraße mit der gleichnamigen Warte. Es geht nach links auf einem schmalen Radweg bis zur nächsten großen Kreuzung, dann weiter geradeaus auf dem Radweg durchs Westend bis zur Alten Oper. Ab hier teilen wir uns den Weg mit Fußgängern. Die Goethestraße ist eine Fahrradstraße und führt zum Goetheplatz, den man geradeaus überquert, um zur Hauptwache zu gelangen. Dort geradeaus und nach links in die Bleidenstraße (Fahrradstraße) zum Liebfrauenberg.

Regionale & internationale kulinarische Spezialitäten

Die Kleinmarkthalle ist rechts unten und bietet an Werktagen alles an: internationale Lebensmittel aller Art, aber auch Handfestes aus

Immer wieder ein Erlebnis: Die Kleinmarkthalle ist eine Welt für sich und eine gute Adresse für Genießer.

der Region, darunter die berühmte Fleischwurst bei Schreiber. Man kann aber auch weiter über die Töngesgasse zur Staufenmauer fahren. Die stammt aus dem 12. Jahrhundert und war angeblich unbekannt bis zur Bombardierung im Zweiten Weltkrieg. Hundert Meter links ist der große Platz an der Konstablerwache, auf dem donnerstags und samstags der sehenswerte Bauernmarkt stattfindet. Bis hierher waren es rund 17 Kilometer.

Im Juni lockt allerdings auch die Fahrradmesse „Velo“ zur Eissporthalle, die einen Abstecher wert ist und zu der es von hier aus rund drei Kilometer sind – zunächst am Main, an der Europäischen Zentralbank und am Ostbahnhof vorbei und dann auf die Ostparkstraße.

Wer den Rückweg von der Kleinmarkthalle aus antritt, fährt an dem Gebäude entlang bis zur Hasengasse, dann nach rechts über die breite Berliner Straße und die Braubachstraße mit ihren Straßenbahnschienen zum Dom. Hier beginnt die Neue Altstadt. Rechts steht das prachtvolle Haus „Goldene Waage“. Wir fahren vorsichtig und langsam durch den ehemaligen Krönungsweg zum Römer. Hier nach links abwärts zum Eisernen Steg. Eine kleine Anmerkung: Die Eisenbahnbrücke in Niederrad ist zurzeit für Radler gesperrt. Wenn sie wieder offen ist, bietet es sich an, auf dem südlichen Mainufer den hessischen Radfernweg R3 zu benutzen.

Wir fahren weiter mainabwärts immer am Fluss entlang und durch den ehemaligen Westhafen mit den Neubauten am Wasser. Vor der Eisenbahnbrücke nach rechts und auf der Gutleutstraße nach links. Auf dem Radweg an der Straße geht es rund zwei Kilometer weiter bis zur Eisenbahnbrücke Niederrad. Kurz dahinter führt unsere Route steil nach rechts auf die Brücke über die Straße und abwärts zum „Orange Beach“ am Main unter den Eisenbahnbrücken. Das ist wohl der einzige Platz auf der Welt, auf dem man, im Sand sitzend, alle denkbaren Verkehrsmittel sehen kann. Geöffnet in der Regel ab 13 Uhr.

Am Nidda-Ufer

Wir fahren gen Griesheim, unter der Autobahn hindurch und hinter dem kleinen Hafen nach rechts die „Maagass“ hoch, dann kurz nach links und in die Alte Falterstraße nach rechts. Geradeaus geht’s bis zur S-Bahn-Station und im Bogen über die Bahn in die Waldschulstraße, die zur Kreuzung mit der Mainzer Landstraße führt. Vorsicht: Bei der Überquerung auf Straßenbahnen achten! Weiter auf der Waldschulstraße über die Oeserstraße hinweg bis an die Nidda. Nun wird die Beschreibung leicht, denn wir folgen der Nidda über Rödelheim, Brentanopark und Petrihaus (links am Rödelheimer Wehr) bis zur Praunheimer Brücke.

Von dort aus führt uns die Tour nach links durch Alt-Praunheim und auf dem Radweg am Praunheimer Weg aufwärts bis Niederursel. Es geht weiter leicht aufwärts rechts an der U-Bahn bis nach Oberursel hinein und direkt wieder zum Bahnhof.

06 NACH NIDDA UND ENTLANG DER NIDDA

Viele sehenswerte Orte in der Wetterau

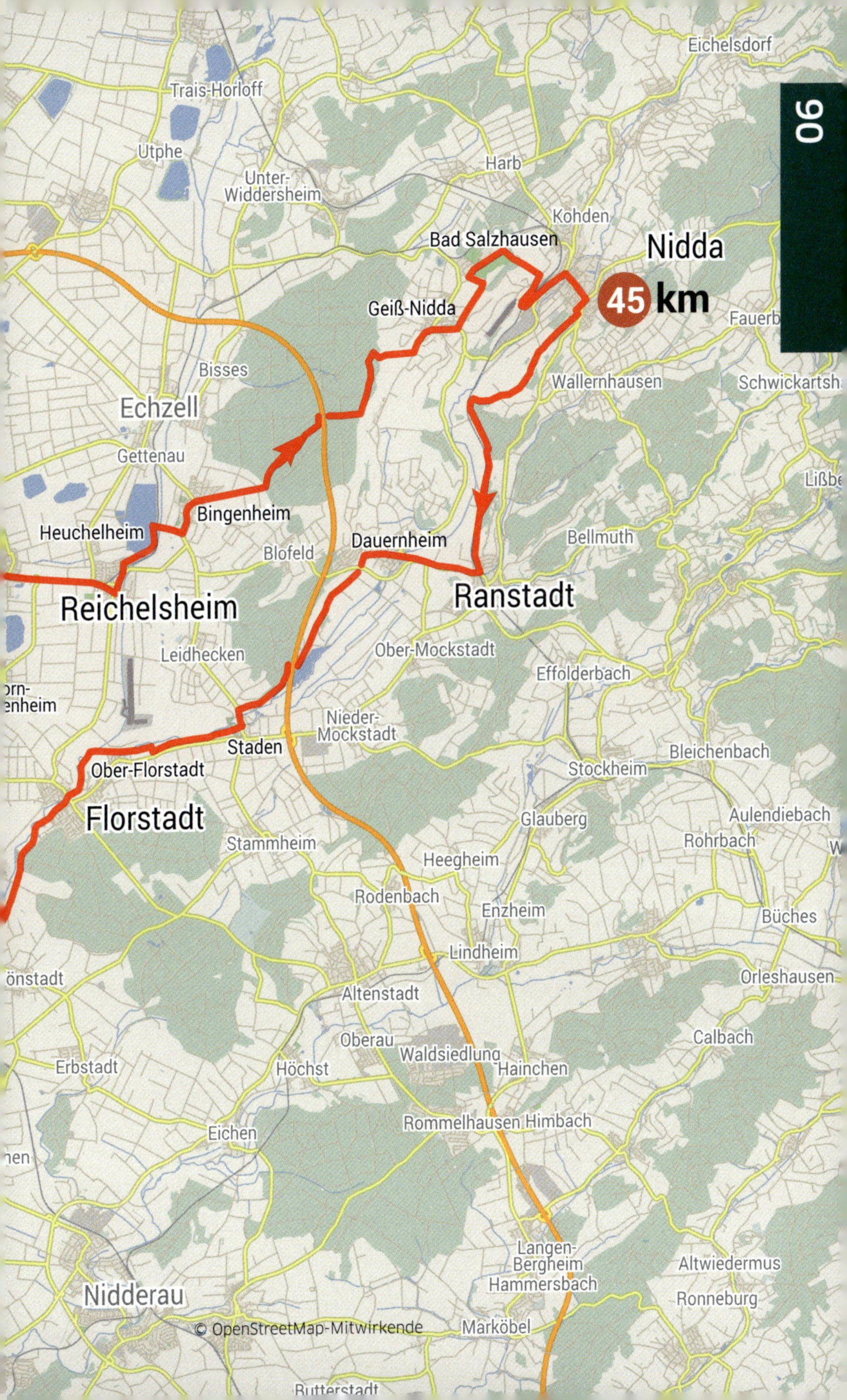
Eichelsdorf
Trais-Horloff
Utphe
Harb
Unter-
Widdersheim
Kohden
Bad Salzhausen
Nidda
45 km
Geiß-Nidda
Fauerb
Wallernhausen
Schwickartsh
Bisses
Echzell
Gettenau
Lißbe
Bingenheim
Heuchelheim
Blofeld
Dauernheim
Bellmuth
Reichelsheim
Ranstadt
Leidhecken
Ober-Mockstadt
Effolderbach
Nieder-
Mockstadt
Staden
Bleichenbach
Ober-Florstadt
Stockheim
Florstadt
Glauberg
Aulendiebach
Stammheim
Rohrbach
Heegheim
Rodenbach
Enzheim
Büches
Lindheim
önstadt
Orleshausen
Altenstadt
Oberau
Calbach
Waldsiedlung
Erbstadt
Höchst
Hainchen
Rommelhausen
Himbach
Eichen
Langen-
Bergheim
Altwiedermus
Hammersbach
Nidderau
Ronneburg
© OpenStreetMap-Mitwirkende
Marköbel
Butterstadt

06 NACH NIDDA UND ENTLANG DER NIDDA

Viele sehenswerte Orte in der Wetterau

Start/Ziel: Waldfriedhof Bad Homburg v. d. Höhe
Streckenlänge: ungefähr 95 km; es gibt eine Abkürzung um ca. 20 km, wenn man auf die Brauerei in Nidda verzichtet, von Bingenheim direkt nach Dauernheim fährt und von dort auf dem R4 nach Staden
Schwierigkeitsgrad: mittel; nur wenige Steigungen
Dauer: Tagestour
Einkehrmöglichkeiten: Brauerei in Nidda; zahlreiche Möglichkeiten entlang der Route

Die Tour startet in Bad Homburg auf dem Parkplatz des Waldfriedhofs an der Friedberger Straße. Zunächst radeln wir abwärts auf dem Radweg an der Straße in Richtung Friedrichsdorf. Aber schon kurz danach geht es scharf nach rechts in einen Feldweg, abwärts am Klettergarten vorbei bis zur Straße in Seulberg, dann nach rechts und sofort wieder links unter der Bahnbrücke hindurch. Von hier aus immer geradeaus (Vorsicht: rechts vor links!) durch einen engen Weg zur alten Dorfstraße, dort rechts an der Kirche vorbei und bis ans Ende der Straße. Hier biegen wir links ab und fahren kurz danach rechts durch die Unterführung und weiter geradeaus.

Links befindet sich jetzt das „Sonnendeck", ein Rastplatz an der Regionalpark-Rundroute. Wir fahren aber weiter geradeaus über die Autobahn hinweg und an der nächsten Ecke nach links auf den Feldweg. Der führt uns geradewegs an die Straße nach Burgholzhausen, der wir nach rechts folgen – über den Erlenbach hinweg. Dann geht es bergan über eine Ampelkreuzung und an der übernächsten

Ecke nach rechts in die Straße nach Rodheim. Es folgt ein schneller Ritt bergab aus dem Hochtaunuskreis hinaus und in die Wetterau hinein.

In Rodheim nach dem zweiten Kreisverkehr in die erste Straße nach rechts, durch den Ort und vor der Kirche nach links bis zur Ampelkreuzung. Hier geht es weiter auf dem Radweg links an der Landstraße bis nach Nieder-Rosbach. An der ersten Ecke radeln wir nach rechts und sofort wieder links durch die Siedlung bis kurz vor der Eisenbahnbrücke. Jetzt kommt eine Kombination von rechtwinkligen Kurven durch die Felder: erst rechts, dann links, am Rosbacher Brunnen nach rechts, dann links, rechts und wieder links. Schließlich führt die Route geradeaus bis kurz vor der Überführung über die Bahn. Wir biegen nach rechts in Richtung Bruchenbrücken und Fauerbach ab und fahren unter der neuen B3 hindurch, am Pferdehof vorbei und an der Ampel über die alte B3.

Weiter durchs Gewerbegebiet und am Ende der Straße links ab in Richtung Fauerbach und Ossenheim. Unter dem Bahntunnel hindurch (Achtung: enger Radweg links!), bis zur Straße und nach rechts. Nacheinander werden jetzt die Flüsse Usa und Wetter überquert. In Ossenheim links ab in den Weg nach Bauernheim. In dem Ort links und gleich wieder rechts bergauf. Von hier aus brauchen wir nur stur den Radwegweisern in Richtung Reichelsheim folgen.

Viele Vögel

Vor dem Bahnübergang geht es dann nach links und weiter bis zum Naturschutzgebiet Bingenheimer Ried. Wer ein Fernglas dabei hat, ist im Vorteil: Es gibt zahlreiche Vögel zu sehen, aber auch Hochhäuser für Insekten. Am Beobachtungsstand fahren wir rechts über die Bahn und das Flüsschen Horloff nach Bingenheim. Dann links durch den Ort und auf den Weg nach Geiss-Nidda. Der führt aufwärts durch den Wald, über die Autobahn hinweg und abwärts bis zum hessischen Radfernweg R4. Links geht's nach Geiß-Nidda. Wir folgen dem R4 weiter in Richtung Bad Salzhausen. Wenn man Zeit hat (und die hat man auf Radtouren immer!), kann man den Kur-

Felsenkeller in Dauernheim

park mit Lithium-Quelle und Gradierwerk erkunden. Unsere Tour führt uns dann weiter in Richtung Nidda und am Bahnhof vorbei. Achtung: steile Abfahrt direkt auf eine Vorfahrtsstraße zu! Es geht nach links, an der Ampel nach rechts bis zum Marktplatz. Das Ziel ist erreicht! Man genieße das Brauerei-Bier, das Ambiente und den alten Stadtbrunnen. Die Sonnenuhr zeigt die Sommerzeit und ist nicht umzustellen. Bis hierher sind es etwa 46 Kilometer.

100 Weinkeller

Auf dem Rückweg fahren wir zunächst weiter durch den Ort, dann an einem Seitenarm der Nidda in Richtung Ranstadt. Es folgt ein wunderschöner Abschnitt durch das weite Tal der Nidda, an einem Schutzgebiet vorbei bis Ranstadt. Hier nach rechts unter der Bahn hindurch und über die Nidda nach Dauernheim. Sehenswert und weit und breit einmalig sind hier im Ort die in den Berg gehauenen rund 100 Weinkeller.

Wir folgen dem R4 in Richtung Staden. Der geht durch Wiesen und am Schutzgebiet Nachtweid vorbei unter der Autobahn hindurch nach Staden. Ein schmackhafter Mineralbrunnen steht am Wegesrand und sollte probiert werden. Staden hat pro Einwohner mehr Brücken als Venedig und zudem ein Isenburger Schloss. Übrigens querte hier der römische Limes die Nidda.

Ab jetzt folgen wir dem R4 ständig an der Nidda entlang bis zur Brücke in Okarben. Es geht durch Ober- und Nieder-Florstadt. Wir sehen unterwegs die Mündung der Horloff in die Nidda, unterqueren die Eisenbahnbrücke in Assenheim und erblicken in Ilbenstadt links die beiden Türme der Basilika.

In Okarben geht es rechts in den Ort hinein und nach links bis zur Brücke über die Main-Weser-Bahn, über die man das Rad leider schieben muss. Wir radeln geradeaus über die B3 (Vorsicht!) und gleich wieder rechts am Bach aufwärts, vorbei an Fischteichen, nach Petterweil. Durch den Ort aufwärts weiter in Richtung Burgholzhausen. Ab hier folgen wir der Regionalpark-Rundroute, biegen kurz nach der Kreisgrenze links ab, dann rechts, an einem Bauern-

Im Kurpark von Bad Salzhausen erinnert dieses restaurierte Wasserrad an die Zeit, als hier noch Salz gefördert wurde.

hof vorbei, überqueren den Erlenbach und sehen vor uns wieder die Brücke, die uns auf dem Hinweg über die Autobahn führte. Von hier aus ist die Strecke identisch mit dem Hinweg – nur eben umgekehrt.

07 ÜBER DEN MALERBLICK NACH KÖNIGSTEIN

Einige Steigungen, lohnenswerte Ausblicke

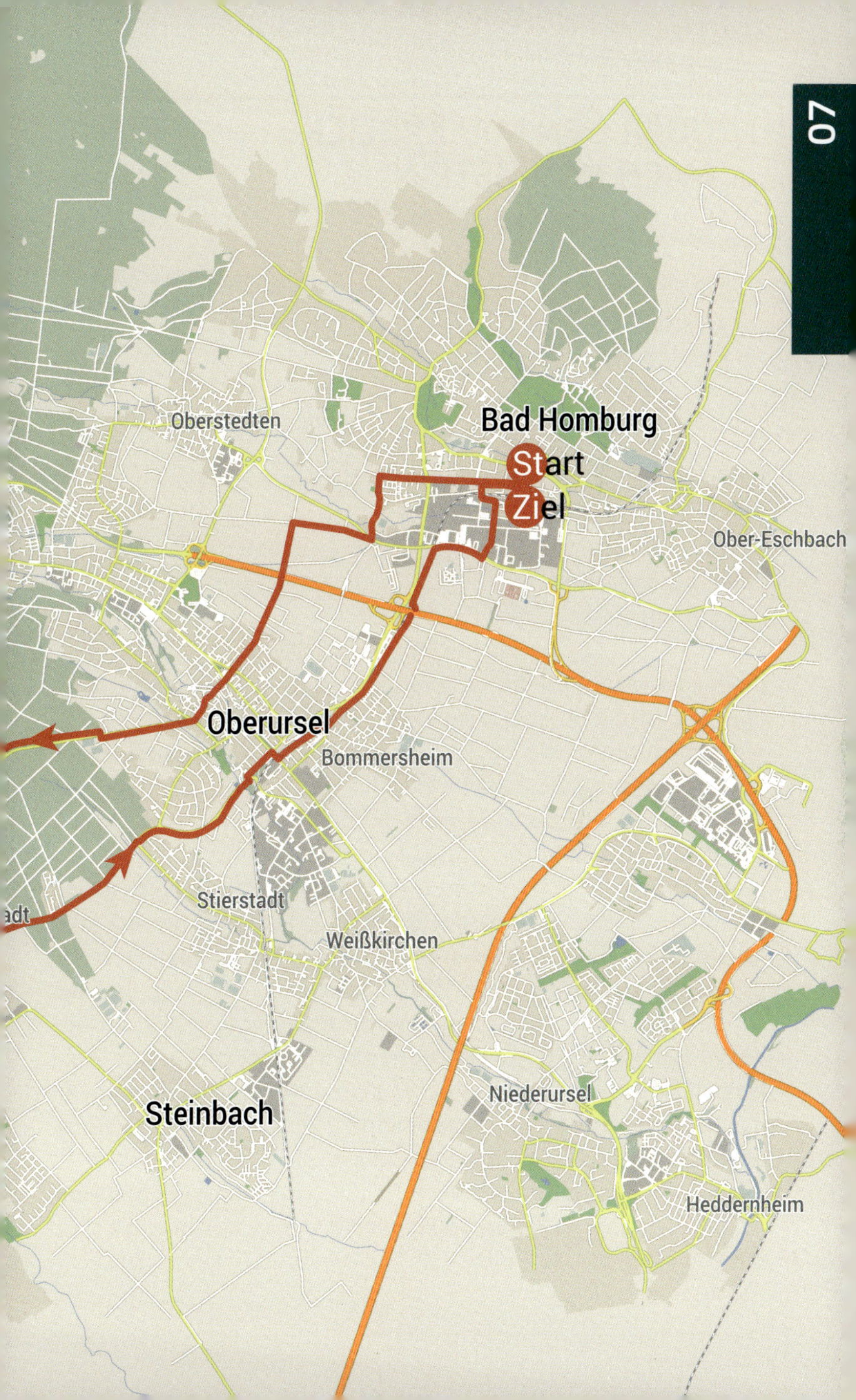
Bad Homburg
Start
Ziel
Oberstedten
Ober-Eschbach
Oberursel
Bommersheim
Stierstadt
Weißkirchen
Steinbach
Niederursel
Heddernheim

07 ÜBER DEN MALERBLICK NACH KÖNIGSTEIN

Einige Steigungen, lohnenswerte Ausblicke

Start/Ziel: Bahnhof Bad Homburg v. d. Höhe
Streckenlänge: ungefähr 40 km
Schwierigkeitsgrad: mittel; einige Steigungen, die etwas Kondition erfordern
Dauer: 3:00 – 3:30 h
Einkehrmöglichkeiten: Königstein und Kronberg laden zur Einkehr ein

Eines vorweg: Diese Radtour erfordert ein gewisses Maß an Kondition. Die Bereitschaft, sich ein wenig zu quälen oder ein Pedelec zu verwenden, tun es aber auch. Belohnt wird die Mühe durch einige sehr schöne Aussichten und viel Grün.

Wir starten die Tour am Bad Homburger Bahnhof. Von dort aus geht es in die Frölingstraße, wir benutzen den dortigen Radstreifen und überqueren an der zweiten Ampel die Urseler Straße. Dann geht es leicht bergauf und ohne Radstreifen bis zum Ende der Straße. Jetzt nach links in den Bommersheimer Weg und der Radroute in Richtung Oberursel folgen. Die Zeppelinstraße bitte unbedingt an der Ampel überqueren, auch wenn man dafür vorher auf den linken Gehweg muss. Auf der anderen Seite sofort nach rechts leicht bergauf fahren bis zur nächsten Wegkreuzung. Jetzt nach links, an der Ruine des Lindenbäumchens vorbei, geradeaus über die Autobahn hinweg und nach Oberursel hinein.

Hier geht es immer geradeaus, am Kreisel weiter in Richtung Marktplatz. Dessen Kopfsteinpflaster muss man ertragen, bis es an der Kreuzung mit der Füllerstraße auf die Königsteiner Straße geht.

Dort beginnt die erste Quälerei bis hinauf zur Stierstädter Heide. Man kann auf der Straße fahren oder den Gehsteig links benutzen. In jedem Fall hinter der Bushaltestelle an der Stierstädter Heide rechts in den Wald fahren und sofort wieder nach links abbiegen.

Die folgenden zwei Kilometer ähneln einem Dschungelpfad, sind aber gut befahrbar, wobei man Rücksicht auf Wanderer und entgegenkommende Radler nehme. Weg und Straße führen schließlich zur Bundesstraße B455, die man an der Ampel überquert. Auf der anderen Seite radeln wir weiter in Straßennähe, am Kronberger Schwimmbad und am Schloss Friedrichshof vorbei und in eine Siedlung hinein. Erneut muss man sich eine Steigung hoch quälen; die ist aber überschaubar und führt wieder an die Bundesstraße.

Es geht in den Wald und steil hinab zu einer Ampelkreuzung. Man warte hier unbedingt auf Grün und fahre weiter auf dem schmalen Radweg rechts bis zum Opel-Zoo. Achtung: Viele Autofahrer kreuzen hier den Radweg gleich drei Mal: einmal von links hinten auf der Suche nach einem Parkplatz, dann wieder von rechts hinten, weil sie keinen gefunden haben, und nachdem der Radler an der Ampel auf den linken Radweg gewechselt hat, wieder von links hinten bei der Querung der Bundesstraße.

Wer hier ankommt und den berühmten Kronberger „Malerblick“ versäumt hat, wird auf dem Rückweg noch einmal die Gelegenheit dazu haben.

Eintritt lohnt sich

Ist man dem Gewühl am Opel-Zoo entronnen, folgt die nächste Herausforderung: Es geht stramm hinauf zum Königsteiner Kreisel. Aber keine Angst, denn den kann man stressfrei auf dem Radweg mit Ampel überqueren, wobei man sich links halten muss. Auf der anderen Seite zunächst weiter links, dann über die Straße rechts auf den Radstreifen. So geht es in die Königsteiner Innenstadt hinein. Die Fußgängerzone muss man kurz schiebend durchqueren, wobei man an mehreren Stellen über die Geschichte Königsteins informiert wird. Dann geht es links aufwärts bis zur Burg. Der Eintritts-

Erinnerungstafel an den gewaltfreien Widerstand gegen den Ausbau des Königsteiner Kreisels

Am berühmten Kronberger Malerblick kommen wir auf der heutigen Tour gleich zweimal vorbei.

preis von 3 Euro lohnt sich, denn die Burganlage und die Rundumsicht sind einzigartig. Der Bahnhof und die große Schienenschleife ähneln von hier oben einer Modellbahnanlage.

Der Rückweg gleicht zunächst genau dem Hinweg, nur dass man jetzt flotter am Opel-Zoo ankommt und folglich stark abbremsen sollte. Am Haupteingang vorbei geht es weiter auf dem rechtsseitigen Radweg und an der Ampelkreuzung nach rechts – hinunter nach Kronberg. Dankenswerterweise darf man hier die Fußgängerzone abwärts durchfahren. Vorsichtig geht es an Burg und Kirche vorbei. Dort lohnt sich eine Pause, sei es aus kulinarischen Gründen oder aus Interesse an der Historie.

Tierische Begegnung

Auf dem Berliner Platz, ein wenig nach rechts versetzt, befindet sich ein Brunnen für Kronbergs Partnerstädte, unter anderem besetzt von zwei Mäusen. Auf der anderen Seite der Hauptstraße führt die Tour steil abwärts in Richtung Eschborn und Oberhöchstadt. Wir fahren rechts am Bahnhof vorbei und am Bahnübergang nach links. Jetzt geht es kurz bergauf und, dem Wegweiser nach Oberhöchstadt folgend, rechts auf einem Feldweg weiter leicht abwärts.

Vor Oberhöchstadt trifft man auf die Landstraße und folgt dem Radwegweiser nach Oberursel. Die Steigung in Oberhöchstadt gilt es zu bewältigen, bevor man an der Ampel nach rechts wechselt und abwärts an die Kreuzung am Rande von Stierstadt kommt.

Von hier aus führt der Radweg rechts weiter geradeaus in Richtung Bahnhof Oberursel. Dort fahren wir rechts über die Gleise und sofort wieder links an der Bahn entlang bis zur Homburger Landstraße. Die quert man per Ampel und fährt dann weiter links hoch erst auf der Straße, dann auf einem schmalen Sandweg und schließlich auf einem befestigten Feldweg unter der Autobahn hindurch. Vor der nächsten Brücke geht es nach rechts und auf Höhe des Kronenhofs nach links über die Zeppelinstraße abwärts durchs Gewerbegebiet, über die Bahn, dann rechts wieder zum Bahnhof zurück.

08 AUF ZUR QUELLE DES ERLENBACHS!

Abwechslungsreiche Tour ins Usinger Land

Wehrheim
B 456
Lochmühle
Köppern
B 456
Saalburg
Dillingen
Friedrichsdorf
Hohe Eiche
Seulberg
Dornholzhausen
Kirdorf
Bad Homburg
B 456
Start
Ziel
Oberstedten
Gonzenheim

08 **AUF ZUR QUELLE DES ERLENBACHS!**

Abwechslungsreiche Tour ins Usinger Land

Start/Ziel: Kurhaus Bad Homburg v. d. Höhe
Streckenlänge: ungefähr 43 km (Abkürzung möglich); davon 20 km Feld-/Waldwege, ca. 7 km befestigte Feldwege, ansonsten verkehrsarme Straßen
Schwierigkeitsgrad: anspruchsvoll; Rad mit breiteren Reifen und Vorderradfederung ist empfehlenswert
Dauer: 3:15 - 3:45 h
Einkehrmöglichkeiten: Bahnhof Wehrheim, Talmühle, in Obernhain und an der Saalburg

Bei Bad Vilbel-Massenheim fließt er in die Nidda, der Erlenbach. Damit geben sich Radler zufrieden, die gerne flussabwärts fahren. Aber woher kommt er? Das erfährt, wer sich flussaufwärts bewegt – und dorthin führt die heutige Tour.

Wir starten in Bad Homburg am Kurhaus und fahren den Schwedenpfad abwärts bis zur Landgrafenstraße. Die überqueren wir und biegen in der Kirdorfer Bachstraße am „Kirdorfer Kreuz" rechts ab. Der Hauptstraße folgen wir bis in die Friedberger Straße und biegen dann 100 Meter hinter der Ampel rechts ab. Über einen Sandweg kommen wir an der Hohlen Eiche (oder was von ihr übrig ist) vorbei. Dann geht es links hoch bis zur Ampel am Waldfriedhof. Hier biegen wir links in den Rotlaufweg ein und fahren weiter bis zum Forsthaus, rechts mit dem Radwegweiser nach Friedrichsdorf davor. Es geht weiter auf dem Waldweg immer steiler hoch bis zum Waldlehrpfad und zum Hotel des hessischen Landvolks. Auf der Höhe nicht geradeaus abwärts, sondern links weiter aufwärts fahren. Bald ist der Taunuskamm erreicht, und es geht lange abwärts, bis kurz

Zwischen Lochmühle und Hessenpark kann man Pferde auf der Weide bewundern.

vor der Landstraße, wo der Weg und der Erlenbach rechts unter der Straße hindurchführen.

Geduld und Kraft

Am Freizeitpark Lochmühle wird der Erlenbach überquert. Es geht rechts weiter, hinter dem Bahnübergang dann links und geradeaus bis Wehrheim. Hier nicht in Richtung Usingen abbiegen, sondern geradeaus über die Hauptstraße (Vorsicht!) und am Bahnhof vorbei. Eine Möglichkeit zur Stärkung bietet der kleine Kiosk, der zugleich eine Bahnhofskneipe ist. Es geht weiter nach links über die Bahn. Achtung: Nach wenigen Metern nach rechts in Richtung Hessenpark abbiegen, der Wegweiser ist leicht zu übersehen!

Ab jetzt geht es im Zickzack immer der Wegweisung Hessenpark nach durch Wiesen mit Pferden vorbei. Kurz vor dem Hessenpark

In Kirdorf führt der Weg an der Hohlen Eiche vorbei.

geradeaus fahren in Richtung Stahlnhainer Grund. Man kämpft meist gegen die Steigung und den Wind, das ist hier normal. Kurz vor dem Restaurant „Talmühle" geht der Weg rechts ab und auf einem Sandweg in Richtung Erlenbachquelle. Am Ende des Weges zeigt der Radwegweiser nach rechts; das ist falsch für alle, die zur Quelle wollen, also entgegen dem grünen Pfeil links weiter bergauf fahren! Jetzt ist Geduld und Kraft erforderlich, denn bis zur Erlenbachquelle sind es noch rund drei Kilometer. Nach insgesamt rund 25 Kilometern ist hinter einer Linkskurve der Quellbereich erreicht, die Quelle selbst verbirgt sich in undurchdringlichem Gestrüpp.

Man könnte jetzt wieder abwärts zur Talmühle und von dort über die Abkürzung (siehe unten) in Richtung Saalburg fahren. Wir jedoch folgen dem Weg weiter aufwärts, bis die nächsten grünen Radwegweiser kommen. Die Richtung Saalburg wird eingeschlagen und stur abwärts durchgehalten. Der Weg ist holprig, eine Federgabel vorne ist dem Komfort zuträglich.

Links bieten sich ein paar schöne Aussichten auf den hinteren Taunus. Am Römerkastell Saalburg den Weg abwärts an der Jupitersäule vorbei wählen. Jetzt geht es stramm bergab (Vorsicht!) bis fast zum Hirschgarten. Unmittelbar hinter dem Heuchelbach fahren wir links durch den Wald abwärts bis zur Straße, dann durch Dornholzhausen auf dem Bad Homburger Rundweg, der noch einmal eine kurze Steigung bietet. Es geht über den Golfplatz, unter der Karlsbrücke hindurch und am Nordwest-Sportplatz vorbei weiter abwärts nach Kirdorf hinein, hinunter an die Bachstraße. Hier nach links abwärts bis zur Landgrafenstraße und zurück zum Ausgangspunkt.

Abkürzen möglich

Wer auf dem Rückweg abkürzen möchte, fährt vor der Talmühle nicht nach rechts in Richtung Erlenbachquelle, sondern weiter zur Talmühle. Danach führt die Strecke in Richtung Hessenpark und Obernhain am Waldrand entlang. Unterhalb des Parkplatzes am Hessenpark führt ein Feldweg nach Obernhain. Dort geht es auf der zurückgebauten alten Landstraße hoch zur Saalburg. Diese Strecke ist rund 7 Kilometer kürzer und erspart etwa 3 Kilometer Steigung.

Auf der Tour genießt man herrliche Ausblicke ins Usinger Land.

09 QUER DURCH DIE JAHRTAUSENDE

Auf geschichtsträchtigen Wegen

Rommelhausen
Himbach
Eckartshausen
Eichen
Heldenbergen
Nidderau
Windecken
Ostheim
Hammersbach
40 km
Altwiedermus
Neuwiedermuß
Marköbel
Butterstadt
Hohe Straße
Kilianstädten
Roßdorf
Rüdigheim
Neuberg
Niederissigheim
Ravolzhausen
Bruchköbel
Mittelbuchen
Wachenbuchen
Langendiebach
Erlensee
Rückingen
Niederrodenbach
Oberrodenbach
Lamboy
Hanau

09 QUER DURCH DIE JAHRTAUSENDE

Auf geschichtsträchtigen Wegen

Start/Ziel: Bahnhof Bad Homburg v. d. Höhe
Streckenlänge: ungefähr 80 km (Abkürzung auf ca. 40 km möglich)
Schwierigkeitsgrad: anspruchsvoll, einige Anstiege; gut befestigte Wege, für alle Fahrräder geeignet
Dauer: Tagestour
Einkehrmöglichkeiten: in Hammersbach und Heiligenstock, aber nicht auf der Hohen Straße (dort jedoch viele Rastplätze für Brotzeiten oder Picknicks)

Diese Tour ist ein Schmankerl für Geschichtsbewusste. Die Hohe Straße wird vermutlich seit Jahrtausenden als Handels- und Heerweg benutzt. Sie ist Teil des europäischen Hauptwegs zwischen Atlantikküste und Osteuropa. In unserer Region führt sie auf dem Bergkamm zwischen den Flüssen Nidder und Main nach Osten.

Start ist am Bahnhof Bad Homburg. Es geht zunächst nach Ober-Erlenbach: nach rechts, über die Kreuzung in den kleinen Weg am Bach, erst nach rechts, dann nach links in die Feldstraße, immer geradeaus bis zur U-Bahn. Hier fahren wir nach rechts, dann über den ersten Bahnübergang nach links, abwärts bis zur Ober-Eschbacher Straße. Dort geht es nach rechts und wieder nach links, an der Sporthalle links vorbei und auf der zurückgebauten Landstraße geradeaus. In Ober-Erlenbach führt die Tour links über den Bach, dann sofort wieder nach rechts. Wir folgen den grünen Radwegweisern bis zum Lutherweg mit dem grünen Fraktur-L.

Luther zog hier im Jahr 1521 von Friedberg nach Frankfurt und weiter nach Worms. Wir radeln auf dem Lutherweg durch die Parkanlage bis zur Straße „Am Steinberg“ in Nieder-Erlenbach und treffen hier auf den Bonifatiusweg, der nach links aufwärts führt (rot-weißes Wanderwegzeichen mit schwarzem Bischofsstab). Der Leichnam von Bonifatius wurde in der Mitte des 8. Jahrhunderts auf dieser Route nach Fulda gebracht – daher der Name des Wegs.

Dem Bischofsstab folgen

Unsere Radtour führt aufwärts von hier aus über den Hügel nach Bad Vilbel. Im Zickzack, dem Bischofsstab folgend, gelangen wir an die Nidda. Hier nach links und über die Brücke nach rechts, hinter dem Sportplatz links und vor der nächsten Brücke rechts weiter an der Nidda. Bis zur nächsten Brücke, dann nach rechts in Richtung Hohe Straße auf dem hessischen Radfernweg R4.

Wir fahren durch Gronau und Niederdorfelden, immer dem R4 nach. Nur die letzten 500 Meter vor der Hohen Straße sind richtig steil. Bis hierher zur Großen Loh sind es rund 20 Kilometer. Man hat einen schönen Blick zurück auf den Taunus. Wer die Hohe Straße nicht durchfahren möchte, kann hier rechts abbiegen und – wie

Auf der Hohen Straße bietet sich an der Kleinen Loh ein toller Blick auf die Frankfurter Skyline.

später im Text beschrieben – über rund 20 Kilometer zurück zum Bahnhof Bad Homburg fahren.

Die komplette Tour führt hier auf der Hohen Straße nach links; es folgt die Kleine Loh mit einem weitem Blick auf die Frankfurter Skyline. Im Mittelalter begann hier vermutlich für Wanderer und Pferdewagen die letzte Tagesetappe bis Frankfurt. Aber schon in grauer Vorzeit dürfte bekannt gewesen sein, dass es dort unten eine Furt durch den Main gab.

Komfortable Strecke

Wir genießen auf dem komfortablen Radweg (Vorsicht an insgesamt drei Straßenkreuzungen!) den Blick auf das Niddertal links und das Maintal rechts. Nächste Station ist der markante Lausbaum. Es folgen zahlreiche Installationen und Informationen am Wegesrand (Sitzmöbel, Leseecken) und auch so manches Windrad. Dann erreichen wir den alten Wartbaum bei Windecken: Hier kreuzt der Bahnradweg, der aus dem Vogelsberg kommt und nach Hanau führt. Vorsicht noch einmal bei Ostheim: Auf sehr schmalen Sandwegen wird die Eisenbahn überquert, dann geht es links (!) weiter.

Jetzt noch ein paar Mal bergauf, bergab im Zickzack bis zur langen Abfahrt nach Marköbel. In Hammersbach gab es in den ersten zwei Jahrhunderten ein Römerkastell analog der Saalburg, es ist aber bis auf ein paar Grundrisse nicht mehr erhalten. An der Kirche findet man zudem Reste eines Römerbades. Das Kastell lag am Limes, die Hohe Straße führte direkt hindurch, war also noch zu Römerzeiten ein wichtiger und beachtenswerter Weg.

Rückweg über Bergen

Bis hierher waren es etwa 40 Kilometer – Zeit für den Rückweg, der zunächst wieder zur Großen Loh führt (20 km). Dann geht es aber geradeaus auf dem Radweg Hohe Straße bis zu ihrem Entrée am Rande von Frankfurt-Bergen. Hier findet man Informationen zur Via Regia. Vorsicht beim Überqueren der Bundesstraße 521! Auch in Bergen

Mit Natursteinen markierte Lage des Kastellbades von Kastell Marköbel auf dem Kirchhof der Marköbeler Kirche.

heißt die Hohe Straße noch so. Es geht weiter geradeaus auf dem Nordring über die Vilbeler Straße in Richtung Lohrberg. Wer noch Lust und Zeit hat, kann hier den Blick über Frankfurt genießen.

Wir fahren weiter bis zum Heiligenstock, hier über die Straßenbrücke schieben, auf dem alten Eselsweg, den Radwegweisern des Frankfurter Radrundwegs folgend, über Preungesheim abwärts zur Nidda in Berkersheim. Der Rest ist schnell erzählt: über die Niddabrücke, dann durch Harheim geradeaus hindurch und auf dem Nieder-Eschbacher Stadtweg nach Nieder-Eschbach. Durch den Ort, auf dem Feldweg an der U-Bahn unter der Autobahn hindurch nach Bad Homburg hinein, nach links über die U-Bahn und weiter bis zum letzten Übergang vor der Endstation. Danach schräg nach links und wieder auf die Feldstraße und die letzten Meter bis zum Bahnhof.

Tipp: Bei Westwind kann der Rückweg mühsam werden. Empfehlung dann: Rückfahrt in Windecken per Niddertalbahn nach Bad Vilbel oder über den Limesradweg von Hammersbach nach Hanau und von dort mit der S-Bahn.

10 KOMISCHE KUNST UND GRANDIOSE AUSBLICKE

Auf dem GrünGürtel rund um Frankfurt

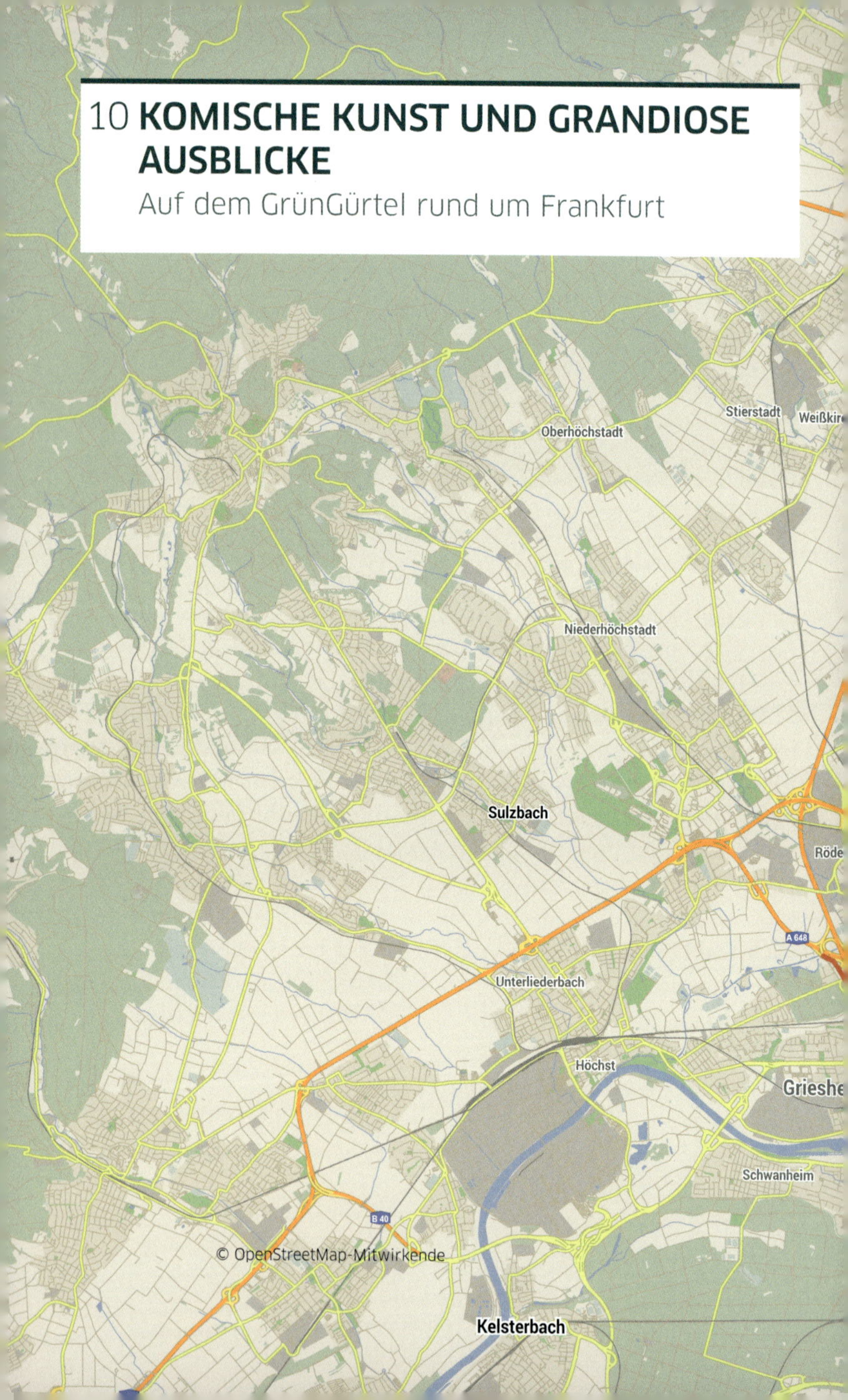

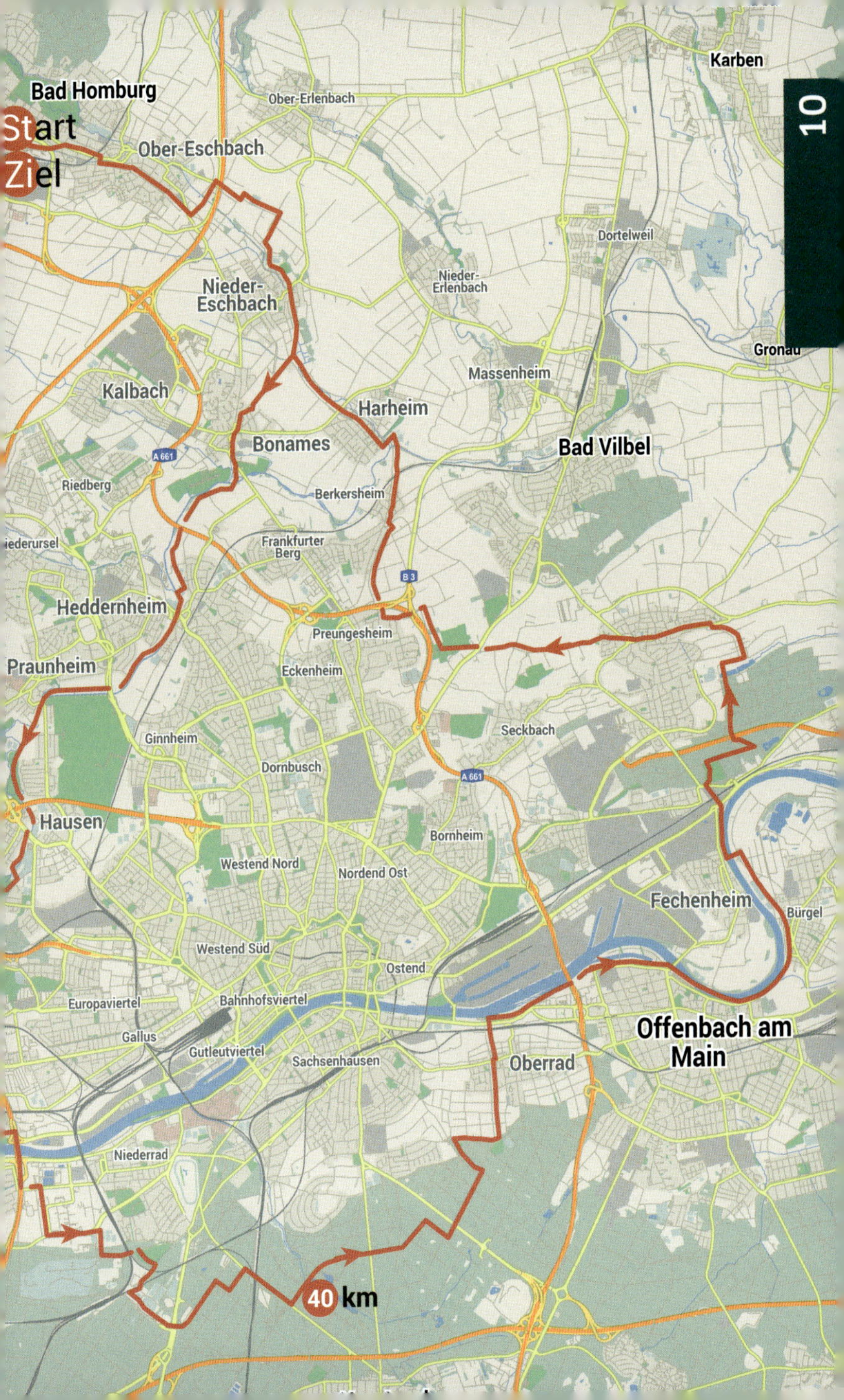
Bad Homburg
Start
Ziel
Ober-Erlenbach
Ober-Eschbach
Karben
Dortelweil
Nieder-Eschbach
Nieder-Erlenbach
Gronau
Massenheim
Kalbach
Harheim
Bad Vilbel
Bonames
A 661
Riedberg
Berkersheim
iederursel
Frankfurter Berg
B 3
Heddernheim
Preungesheim
Praunheim
Eckenheim
Seckbach
Ginnheim
Dornbusch
A 661
Hausen
Bornheim
Westend Nord
Nordend Ost
Fechenheim
Bürgel
Westend Süd
Ostend
Europaviertel
Bahnhofsviertel
Offenbach am Main
Gallus
Gutleutviertel
Sachsenhausen
Oberrad
Niederrad
40 km

10 KOMISCHE KUNST UND GRANDIOSE AUSBLICKE

Auf dem GrünGürtel rund um Frankfurt

Start/Ziel: Bahnhof Bad Homburg v. d. Höhe
Streckenlänge: ungefähr 85 km (Abkürzung auf ca. 70 km möglich)
Schwierigkeitsgrad: mittel; die Strecke ist größtenteils flach und autofrei; am Berger Hang ist Schieben unbedingt erlaubt
Dauer: Tagestour
Einkehrmöglichkeiten: Davon gibt es zahlreiche, beispielsweise den Kiosk in Praunheim, in Rödelheim, am Altarm in Nied, in Höchst am Schlossplatz, in der Oberschweinstiege oder am Goetheturm.

Vor einigen Jahrzehnten hatte das Urgestein des Frankfurter ADFC, Dr. Harald Braunewell, die Idee, einen Radwanderweg im GrünGürtel rund um Frankfurt anzulegen. Im Jahre 1991 wurde seine Idee umgesetzt, so dass man heute mit dem Rad eine Runde drehen kann, die fast alle Stadtteile Frankfurts umfasst. Die Strecke ist komplett beschildert, das erleichtert die Beschreibung erheblich. Und es gibt Tipps für Sehenswürdigkeiten und Abkürzungen, die durchaus nützlich sein können. Die folgende Wegbeschreibung startet am Bad Homburger Bahnhof, denn von allen S-Bahn-Stationen unterwegs kann man jederzeit dorthin zurückfahren.

Wir fahren vom Bad Homburger Bahnhof nach rechts auf dem Radstreifen zur nächsten Ampelkreuzung, darüber hinweg und schräg nach rechts in einen kleinen Sandweg, der abwärts am Bach entlang führt. An der nächsten Straße nach rechts abbiegen und direkt hinter der Bahnbrücke links die Feldstraße entgegen der Ein-

Der Barfüßler besitzt sogar einen lateinischen Namen: Pedarius Nudus.

bahnrichtung abwärts fahren. Es geht immer geradeaus bis zu den Gleisen der U-Bahn. Hier rechts einbiegen und an der Bahn bis zum Ende des Radwegs fahren. Achtung: Zwei Straßen müssen überquert werden. Am Bahnübergang werden die U-Bahn-Gleise überquert. Auf der anderen Seite in den Feldweg einbiegen und an der nächsten Ecke rechts abbiegen. An der U-Bahn geht es unter der Autobahn hindurch, an der nächsten Ecke nach links und dann gleich wieder nach rechts. Jetzt geradeaus weiter bis Frankfurt-Nieder-Eschbach. An der ersten Straße im Ort nach rechts, dann am Ende nach links abbiegen. Jetzt weiter geradeaus durch den Ort hindurch (Achtung: eine unübersichtliche Kreuzung mit Halteschild!), ein Stück weit durch die Äcker und dann rechts ab in die „Steinerne Straße". An der U-Bahn entlang bis zur Straße in Bonames, über die Straße auf die andere Seite und abwärts durch Bonames-Mitte, unten nach rechts und an der übernächsten Ecke links abwärts in Richtung Nidda fahren. Geradeaus auf der Spielstraße durch die Siedlung und am Ende der Straße scharf nach rechts. Nach wenigen Metern kommt von rechts der Hölderlin-Wanderpfad aus Bad Homburg. Die nächste Kurve nach links nehmen und geradeaus über das Gelände am ehemaligen Hubschrauber-Flugfeld bis zur Nidda fahren. Bis hierher sind es 9 Kilometer.

Rechts an der Brücke ist nicht zu übersehen das Grüngürteltier, eine von Robert Gernhardt entworfene Comicfigur, die von der Stadt als Imagewerbung verwendet wird. Sie stellt einen Mix aus „Wutz, Molch und Star“ dar. Auf der anderen Seite der Nidda kommt der Grüngürtel-Radweg von links. Wir fahren aber nach rechts, weil es später angenehmer sein wird, den sehr steilen Berger Hang hinaufzuschieben, als ihn abwärts zu fahren.

Natürlich kann man auf der Radroute durch den Volkspark Niddatal fahren; ich empfehle aber, abweichend von der Beschilderung zunächst immer der Nidda zu folgen. Der Weg ist sehr gut ausgebaut; an Wochenenden muss man allerdings viel Rücksicht auf Fußgänger nehmen. Man passiert das Petri-Häuschen am Rödelheimer Wehr, in dem man in das Zauberreich der Brentanos eintauchen kann, und kurz danach den „Barfüßer“ (pedarius nudus). Das Fabelwesen entsprang 1975 der Fantasie des Künstlers Kurt Halbritter. 2016 setzte ihm hier der Bildhauer Siegfried Böttcher ein Denkmal, das zu den Objekten der Komischen Kunst gehört, die im Grüngürtel anzutreffen sind.

Hier sei eine Abkürzung empfohlen, die die Fähre in Höchst vermeidet und rund 10 Kilometer kürzer ist: Direkt hinter der niedrigen Autobahnbrücke nach links in Richtung Griesheim. Man kommt in die Waldschulstraße, der man geradeaus bis zur Mainzer Landstraße folgt. Vorsicht an der Ampelkreuzung! Weiter geradeaus, kurz vor dem Bahnhof Griesheim links hoch über die Bahn hinweg, auf der anderen Seite der Einbahnstraße in Richtung des Mains folgen. Am Ende der Straße nach links und immer geradeaus bis zur Autobahnbrücke. Hier geht es vor der Brücke nach rechts hoch auf einen Radweg unter der Autobahn auf die andere Mainseite und weiter an der Autobahn bis zur nächsten Ecke, hier nach links abbiegen und dann nach wenigen Hundert Metern nach rechts in Richtung Stadtwald. Am Ende des Weges über die Straßenbahnschienen auf die andere Straßenseite. Weiter nach links und hinter einer Tankstelle nach rechts, über den Parkplatz in den Wald hinein

Wilde Nidda

und bis zum Golfplatz. Nach links weiter bis zur Eisenbahnbrücke. Hier kommt wieder der Grüngürtelweg von rechts. Man folge weiter der Radweg-Beschilderung.

Wenn man diese Abkürzung fährt, verpasst man ein Stück renaturierte wilde Nidda, die älteste Eisenbahnbrücke Hessens in Nied, das idyllische Mainufer an der Mündung der Nidda in Höchst, die Fähre, die Schwanheimer Düne und die großen Bäume im Schwanheimer Wald. Aber man bedenke: Bei Eisgang, Niedrigwasser, Hochwasser, Motorschaden, Krankheit des Fährmanns etc. ist die Fähre außer Betrieb ...

Nach Offenbach

Wir unterqueren die Bahn und fahren sofort nach rechts und an der nächsten Straße wieder nach rechts. Am Stadion wird erneut eine Bahnlinie unterquert. Der Grüngürtelweg geht geradeaus weiter am Bahnhof Sportfeld vorbei. Wir folgen jedoch der Otto-Fleck-Schneise nach links an den Gebäuden der Sportverbände vorbei, bis kurz vor der Autobahn der Grüngürtelweg von rechts kommt, folgen ihm links aufwärts und über die Autobahn hinweg. Ab jetzt gilt wieder die Beschilderung, quer durch den Stadtwald, am (abgebrannten) Goetheturm vorbei und steil abwärts zum Main und zur Gerbermühle. Von dort nach rechts am Main entlang bis nach Offenbach. Weiter geht es am Fluss entlang zur Mainkur, ins Enkheimer Ried bis zum Fuß des Berger Hangs. Den steilen Sandweg aufwärts sollte man schieben. Oben angekommen der nächste Tipp: Nicht geradeaus fahren, weil man dann zweimal eine vielbefahrene Straße queren muss, sondern nach links nach Bergen hinein, am Rathausturm vorbei, über die Vilbeler Landstraße hinweg (Vorsicht!) und in den Klingenweg hinein. Ein Abstecher nach links in den Lohrpark ist zu empfehlen wegen des Rundblicks auf Frankfurt. Weiter auf dem Grüngürtelweg bis zum Heiligenstock. Hier muss eine Straßenbrücke schiebend überquert werden.

Dann auf dem holprigen Eselsweg immer weiter abwärts den Schildern nach bis zum Bahnübergang in Berkersheim, der meistgeschlossen ist und eine kleine Pause erzwingt. Jenseits der Bahn abwärts zur Nidda. Der Grüngürtelweg geht hier nach links weiter in Richtung Bonames. Dort waren wir vorhin schon, also weiter über die Niddabrücke an der Mündung des Eschbachs nach Harheim, im Ort auf die andere Seite des Eschbachs und weiter bachaufwärts in Richtung Nieder-Eschbach. Wir gehen die letzten 10 Kilometer an: Durch die Gärten und Felder fahren wir so lange, bis von links wieder die „Steinerne Straße" kommt. Der Rest ist wie der Anfang, nur anders herum.

11 BAROCKE KUNST AM WEGESRAND

Vorbei an Seen und Steinbrüchen nach Seligenstadt

Nidderau
Oberdorfelden
Bruchköbel
Wachenbuchen
Erlensee
A 66
Hanau
Kesselstadt
Mühlheim am Main
40 km
Steinheim am Main
Obertshausen
A 45
Heusenstamm
Weiskirchen
Seligenstadt
Ziel
60 km
Jügesheim
Rodgau
76 km
Dietzenbach
Rödermark
FNPInfografik 08/19 © OpenStreetMap contributors. Tiles: CC-BY-SA 2.0

11 BAROCKE KUNST AM WEGESRAND

Vorbei an Seen und Steinbrüchen nach Seligenstadt

Start: Bahnhof Bad Homburg v. d. Höhe
Ziel: Bahnhof Seligenstadt (60 km) / Bahnhof Dietzenbach (76 km)
Streckenlänge: ungefähr 76 km
Schwierigkeitsgrad: mittel; für Fahrräder aller Art geeignet; auf Waldwegen vor Seligenstadt Vorderradfederung sinnvoll
Dauer: 4:00 - 5:00 h (je nach Route)
Einkehrmöglichkeiten: Hierfür gibt es diverse Gelegenheiten, u. a. Dietesheimer Steinbrüche und in Seligenstadt.

Die heutige Tour zeigt, was man mit dem Fahrrad an einem Tag alles sehen und erleben kann, wenn man sich für den Rückweg der S-Bahn anvertraut. Die Wegstrecke führt vorbei an einigen herausragenden Natur- und Kulturdenkmalen.

Start ist am Bahnhof Bad Homburg. Es geht zunächst nach Ober-Erlenbach. Wir fahren also nach rechts über die Kreuzung in den kleinen Weg am Bach. Danach geht es – erst nach rechts, dann nach links – in die Feldstraße und immer geradeaus bis zur U-Bahn. Hier halten wir uns rechts, fahren über den ersten Bahnübergang nach links und dann abwärts bis zur Ober-Eschbacher Straße. Dort führt uns der Weg links an der Sporthalle vorbei und auf der zurückgebauten Landstraße geradeaus. In Ober-Erlenbach überqueren wir links den Bach, dann sofort wieder nach rechts und immer den grünen Radwegweisern folgen bis zum Lutherweg mit dem grünen Fraktur-L.

Wir folgen dem Lutherweg durch die Parkanlage bis zur Straße „Am Steinberg" in Nieder-Erlenbach und treffen hier auf den Bonifatiusweg, der nach links aufwärtsführt (rot-weißes Wanderwegzeichen mit schwarzem Bischofsstab). Aufwärts geht es über den Hügel nach Bad Vilbel und im Zickzack, dem Bischofsstab folgend, bis zur Nidda. Hier nach links und über die Brücke nach rechts, hinter dem Sportplatz links und vor der nächsten Brücke rechts weiter an der Nidda. Wir fahren bis zur nächsten Brücke, biegen dort nach rechts in Richtung Hohe Straße ab und befinden uns auf dem hessischen Radfernweg R4.

Im Park Wilhelmsbad

Zunächst geht es durch Gronau – immer dem R4 und dem Regionalpark-Rundweg nach (weißer Viertelkreis auf rotem Feld). In Niederdorfelden hat man die Wahl: An einer Kreuzung in Ortsmitte führt der R4 nach rechts, der Rundweg nach links an der Kirche vorbei. Kleiner Tipp: Der R4 ist durchgehend befestigt bis zur Hohen Straße. Der Rundweg indes führt weiter über Oberdorfelden und geht in einen unbefestigten Weg über, der die Auffahrt zur Hohen Straße sehr erschwert. Dafür begleitet ihn ein Insektenpfad mit Informationen zu Hummeln, Marienkäfern und Co.

Vorsicht Seitenwind!

Auf der Hohen Straße führt die Tour nach links weiter auf den Rundweg, der nach rund zwei Kilometern nach rechts abbiegt und abwärts in Richtung Hanau verläuft. Vorsicht: nicht zu schnell werden, es droht tückischer Seitenwind wegen des fehlenden

Dietesheimer Steinbrüche

Schutzes! In Wachenbuchen muss man dann genau auf die Beschilderung „Wilhelmsbad“ achten – es geht scharf nach links auf der Straße und nach rund 200 Metern nach rechts in den Wald. Auf schönen, schattigen Wegen erreichen wir schließlich Hanau-Wilhelmsbad.

Ein Bad ist das längst nicht mehr, das ist ein großes Glück, denn das Häuser-Ensemble samt Park aus dem 18. Jahrhundert ist original erhalten – eben weil es nicht lange Bad war. Besonders sehenswert ist das alte Karussell mit bunten Pferden und Kutschen auf einem kleinen Hügel, das lange im Dornröschenschlaf lag und erst seit wenigen Jahren wieder funktionsfähig ist. Bestaunen kann man außerdem eine Pyramide und eine künstliche Ruine. Und man darf den gesamten Park durchradeln! Hat man genug gestaunt, suche man ein Schild mit der Bezeichnung „Phillippsruhe“. Über einen Bahnübergang erreichen wir das prachtvolle Barockschloss am Main. Bis hierher waren es rund 30 Kilometer.

Jetzt aufgepasst: Man muss etwa zwei Kilometer mainabwärts fahren bis zur Schleuse. Hier kann man den Fluss via Treppe über-

Dietesheimer Steinbrüche

winden. Das Rad kann über eine Schräge geschoben werden. Auf dem südlichen Mainufer müssen wir noch einmal fast einen Kilometer mainabwärts fahren, bevor wir durch den Deich nach Dietesheim kommen. Durch die Ortsmitte und über die Hanauer Straße (B 43) erreichen wir die S-Bahn-Station Mühlheim-Dietesheim, deren Tunnel man mit dem Rad durchfahren darf. Auf der anderen Seite geht es geradeaus in Richtung „Zum Grünen See“, wo sich eine Einkehr zum Mittagessen anbietet.

Steile Ufer

Wir sind jetzt in den Dietesheimer Steinbrüchen, einer Gruppe grüner Seen mit steil abfallenden felsigen Ufern. Von einer Brücke, über die der Radweg mit der Nummer 12 führt, hat man einen herrlichen Rundblick. Wir folgen den etwas holprigen Waldwegen so lange in Richtung Süden, bis wir auf den Radweg Nr. 4 treffen. Ab hier bitte immer auf die Wegweiser in Richtung Seligenstadt achten! Es geht durch Hausen, neben der S-Bahn unter der Autobahn A3 hindurch,

Imposanter Anblick: Auf unserer heutigen Tour ist unter anderem das Schloss Philippsruhe bei Hanau zu bewundern.

Basilika in Seligenstadt

durch Weiskirchen und Froschhausen und auf dem Radweg an der Frankfurter Straße nach Seligenstadt hinein.

Brauhaus am Bahnhof

Wir umgehen elegant den ständigen Verkehrsstau am Bahnübergang und prüfen, ob das kleine Brauhaus gegenüber dem Bahnhof geöffnet ist. Falls nicht, kann man den Biergarten der Brauerei in der Altstadt besuchen. Pflicht ist außerdem ein Blick in den Klostergarten und auf die Basilika sowie ein Eis am Mainufer. An einem Haus gegenüber dem Rathaus steht der Spruch „Selig sei die Stadt genannt, da ich meine Tochter wiederfand" – angeblich von Karl dem Großen.

Bis hierher waren es rund 60 Kilometer. Wegen der Besichtigungen dürfte der halbe Nachmittag vorbei sein und niemand große Lust haben, den Rückweg per Rad anzutreten – zumal mit Offenbach und Frankfurt zwei Städte „im Weg“ sind. Daher der folgende Tipp: Auf dem Radweg Nr. 14 sind es rund 16 Kilometer bis Dietzenbach über Rodgau-Jügesheim. Schon in Rodgau-Jügesheim kann man die S-Bahn nehmen. Besser ist es jedoch, bis Dietzenbach zu fahren. An der dortigen Endstation steht meist eine leere S-Bahn bereit. Man fährt bis Frankfurt-Ostendstraße, steigt aus, wartet drei Minuten und steigt in die S-Bahn nach Bad Homburg/Friedrichsdorf ein, die hier auch noch fast leer ist. Das geht sogar mit einer Gruppe von Radlern. Die Fahrtzeit beträgt weniger als eine Stunde, von Rodgau wäre es eine Viertelstunde mehr.

Alte Bäckerei im Klostergarten Seligenstadt

B 456
Dornholzhausen
Kirdorf
Rund um Oberursel
Gotisches Haus
Start
Ziel
B 456
Oberstedten
A 661
Oberursel
Von Oberursel

12 **ZWEI RUNDTOUREN IN EINER TOUR**

Rund um Bad Homburg und Oberursel

12 ZWEI RUNDTOUREN IN EINER TOUR

Rund um Bad Homburg und Oberursel

Start/Ziel: Gotisches Haus, Bad Homburg v. d. Höhe
Streckenlänge: ungefähr 25 km; Rundweg Oberursel + 25 km
Schwierigkeitsgrad: mittel; mit ein paar heftigen, aber relativ kurzen Steigungen; ein Viertel durch Wälder, drei Viertel unter freiem Himmel, das sollte man bei heißem Wetter beachten
Dauer: 3:15 – 3:45 h
Einkehrmöglichkeiten: Gastronomie gibt es im Bad Homburger Stadtteil Ober-Erlenbach, im Kronenhof sowie im Taunus-Informationszentrum an der Hohemark.

Rad-Rundrouten um Städte haben den Vorteil, dass man nie weitab besiedelter Gegend ist und schnell Schutz suchen kann, wenn das Wetter mal plötzlich umschlägt. Nachteil: Man kommt nicht recht vom Fleck. Das muss aber kein sehr großer Nachteil sein, solange die Strecke selbst abwechslungsreich ist – und das ist bei der Doppelstadt Bad Homburg/Oberursel der Fall. Doppelstadt bedeutet hier nur, dass die beiden ausgeschilderten Rundrouten auf mehreren Kilometern deckungsgleich sind.

Wir beginnen unsere Doppel-Rundreise in Bad Homburg am Gotischen Haus. Wenn man aus Richtung Bad Homburg kommt, trennen sich hier die beiden Wege: Der Bad Homburger geht nach rechts, der Oberurseler geradeaus in Richtung Forellengut. Wir folgen dem Bad Homburger am Pferdegrab am Gotischen Haus (links) vorbei und fahren dem Radroutenzeichen (grünes R im Rundroutenkranz) nach bergab nach Dornholzhausen.

Das Zeichen weist uns im Ort nach links bergauf, dann wieder bergab zum Golfplatz. Der wird (vorsichtig!) überquert. Dahinter geht es steil bergab zum Kirdorfer Bach. Achtung: Hinter den Funktionsgebäuden der Golfer geht es an einer unübersichtlichen Stelle steil abwärts nach links. Der Weg ist hier ausgespült und ähnelt einer kleinen Sprungschanze. Das ist gefährlich, besonders bei Gegenverkehr!

Über die Streuobstwiese

Gut gelöst hat hingegen die Stadt Bad Homburg die Unterquerung der Bundesstraße parallel zum Bach mit einer Metallgitterbrücke. Wir folgen dem Rundroutenzeichen wieder bergauf, am Sportgelände vorbei und dann links ins Kirdorfer Feld hinein. Rechts unten liegt Bad Homburg, weit dahinter die Frankfurter Skyline.

Die Streuobstwiesen im Kirdorfer Feld sind zu großen Teilen Naturschutzgebiet. Am Ende des Sandwegs geht es nach rechts auf asphaltierter Strecke steil bergab und wieder nach links auf einem Sandweg bergauf bis zum Waldrand mit dem Forsthaus links. Jetzt nach rechts auf der Straße weiter bis zur Ampel an der Bundesstraße.

Weiter geradeaus in den Wald hinein, am Waldfriedhof vorbei, immer weiter rund drei Kilometer geradeaus bis zu den Quandt'schen Gebäuden mit der riesigen Tanne davor. Vor der Bahnlinie nach links und rechts über die Brücke und wieder rechts über die Landstraße. Nach rund 500 Metern erreichen wir die Regionalpark-Rundroute (Zeichen: weißer Viertelkreis auf rotem Grund).

Die Bad Homburger Rundroute verläuft weiter geradeaus. Wir aber wollen den Bad Homburger Stadtteil Ober-Erlenbach einbeziehen, der jenseits der Autobahn liegt, teilweise seinen dörflichen Charakter bewahrt hat und ein wenig stiefmütterlich behandelt wird, wie man am Verlauf der Rundroute sieht. Wir fahren also nach links und folgen der Regionalparkroute, die nach wenigen Hundert Metern nach links abbiegt. Nach Ober-Erlenbach geht es geradeaus, im Zickzack nach rechts und wieder nach links bis zur Querung der Bad Homburger Umgehungsstraße. Bitte Vorsicht! Kurz hinter der Unterführung unter der Autobahn nach links abbiegen (Vorsicht beim Abbiegen!). Es geht gleich wieder nach rechts am Bach ent-

An der katholischen Kirche in Ober-Erlenbach befindet sich eine symbolische Darstellung des Verlaufs des Erlenbachs von der Quelle bis zu seiner Mündung in die Nidda.

lang, an den Sportanlagen vorbei bis ins Ortszentrum. Dort taucht links oben der Kirchturm auf. Vor der Kirche befindet sich eine symbolische Darstellung des Verlaufs des Erlenbachs von der Quelle bis zu seiner Mündung in die Nidda, originell und sehenswert.

Zurück über den Erlenbach und nach rechts auf der Straße, dann auf dem Radweg in Richtung Innenstadt, unter der Autobahn hindurch und bis zur Regionalparkroute, die gemeinsam mit der Bad Homburger Rundroute nach links abbiegt.

Überfällige Anbindung

Der Weg durch Ober-Erlenbach kann der Stadt als Vorschlag für die überfällige Anbindung des Stadtteils an die Rundroute dienen. Mit einer Handvoll Schildern wäre das machbar und sicher billiger als die ebenfalls überfällige Ausbesserung der Gefahrenstelle zwischen Golfplatz und Kirdorfer Bach.

Die Rundroute führt nun weiter nach Ober-Eschbach, am Klärwerk vorbei, über die U-Bahn zur Ampelkreuzung am Südring. Dahinter weiter nach rechts und leicht bergab zum Taunengraben. Dort nach rechts und dann immer geradeaus, unter dem Autobahnzubringer hindurch, am Tierfriedhof vorbei, dann zum Kronenhof, weiter bis zur S-Bahn, davor nach rechts unter der Brücke hindurch.

Hier kommt von links der Oberurseler Rundweg. Die vereinigten Rundwege gehen über die Bahn geradeaus, am Ende der Straße nach rechts über den Bach, dann steil aufwärts zum Platzenberg, nach rechts wieder abwärts mit einer sehr engen Linkskurve zum Kleinen Tannenwald. Dahinter rechts, dann links und auf der Tannenwaldallee nach links aufwärts. Nach weniger als zwei Kilometern ist wieder das Gotische Haus erreicht. Einschließlich des Umwegs über Ober-Erlenbach waren es bis hierher rund 25 Kilometer.

Will man noch den Oberurseler Rundweg dranhängen, so folge man dessen Zeichen in den Wald in Richtung Forellengut. Auf Waldwegen geht es immer stetig bergauf, bis man die Kanonenstraße überquert und das Taunusinformationszentrum in Oberursel-Hohemark erreicht. Jetzt geradeaus hoch zur Klinik, weiter in den Wald, bis es nach links wieder lange bergab geht. Vorsicht bei der Querung der Landstraße. Weiter abwärts, an Oberursel-Stierstadt vorbei, bis zur Krebsmühle in Oberursel-Weißkirchen. Ab hier durchs Feld nach Oberursel-Bommersheim, durch den Ort aufwärts, dann an der Bahn entlang, bis wieder der Bad Homburger Rundweg erreicht ist. Bis zum Gotischen Haus laufen beide Wege wieder gemeinsam.

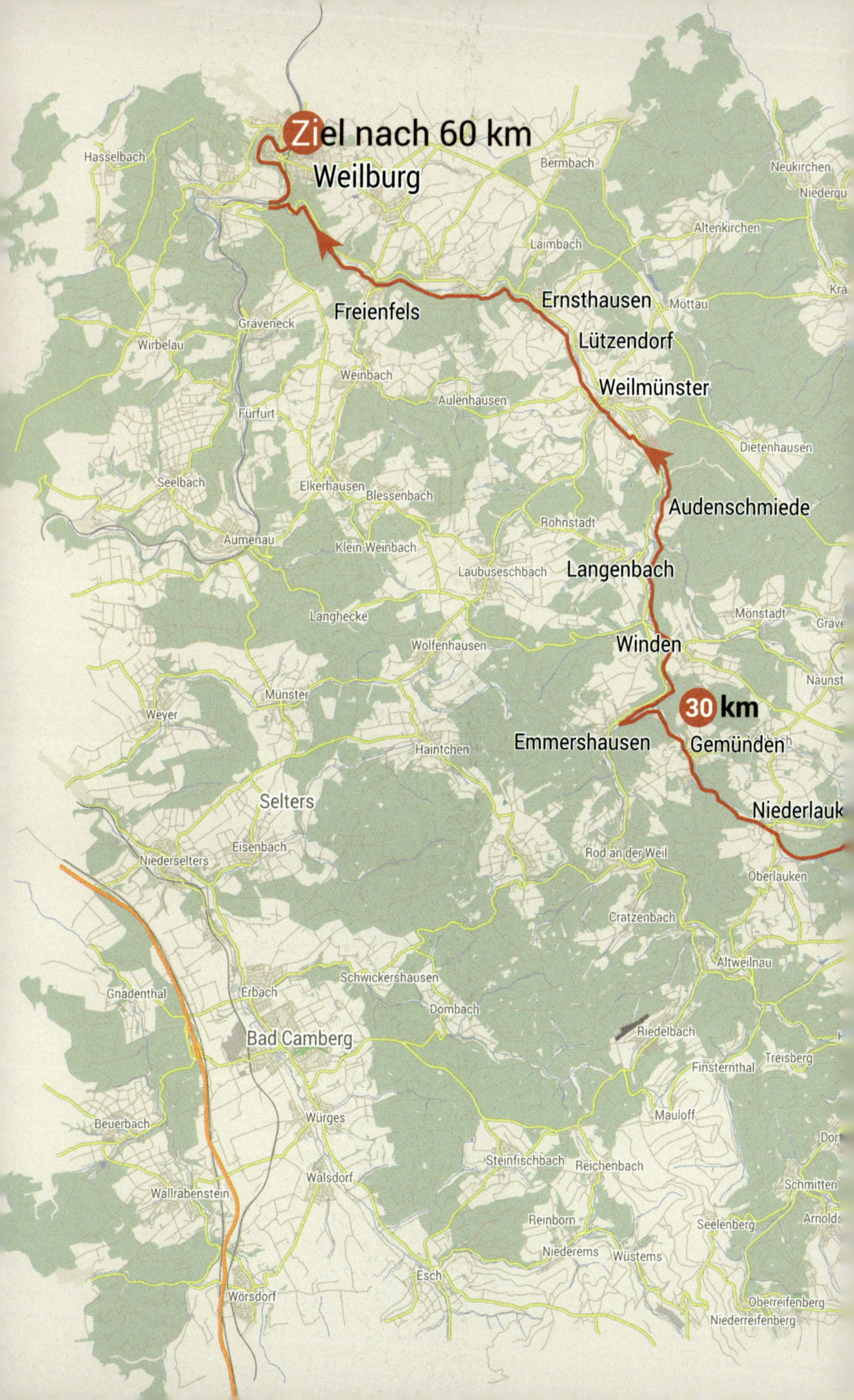

Ziel nach 60 km
Weilburg
Freienfels
Ernsthausen
Lützendorf
Weilmünster
Audenschmiede
Langenbach
Winden
30 km
Emmershausen
Gemünden
Niederlauk
Selters
Bad Camberg
Hasselbach
Bermbach
Neukirchen
Altenkirchen
Laimbach
Möttau
Gräveneck
Wirbelau
Weinbach
Aulenhausen
Fürfurt
Dietenhausen
Seelbach
Elkerhausen
Blessenbach
Rohnstadt
Aumenau
Klein-Weinbach
Laubuseschbach
Langhecke
Mönstadt
Wolfenhausen
Münster
Weyer
Haintchen
Eisenbach
Niederselters
Rod an der Weil
Oberlauken
Cratzenbach
Altweilnau
Schwickershausen
Gnadenthal
Erbach
Dombach
Riedelbach
Finsternthal
Treisberg
Beuerbach
Würges
Mauloff
Steinfischbach
Reichenbach
Walsdorf
Wallrabenstein
Schmitten
Reinborn
Seelenberg
Niederems
Wüstems
Esch
Wörsdorf
Oberreifenberg
Niederreifenberg

13 ÜBER WILHELMSDORF NACH WEILBURG

Anspruchsvolle und inspirierende Tour durch das Weiltal

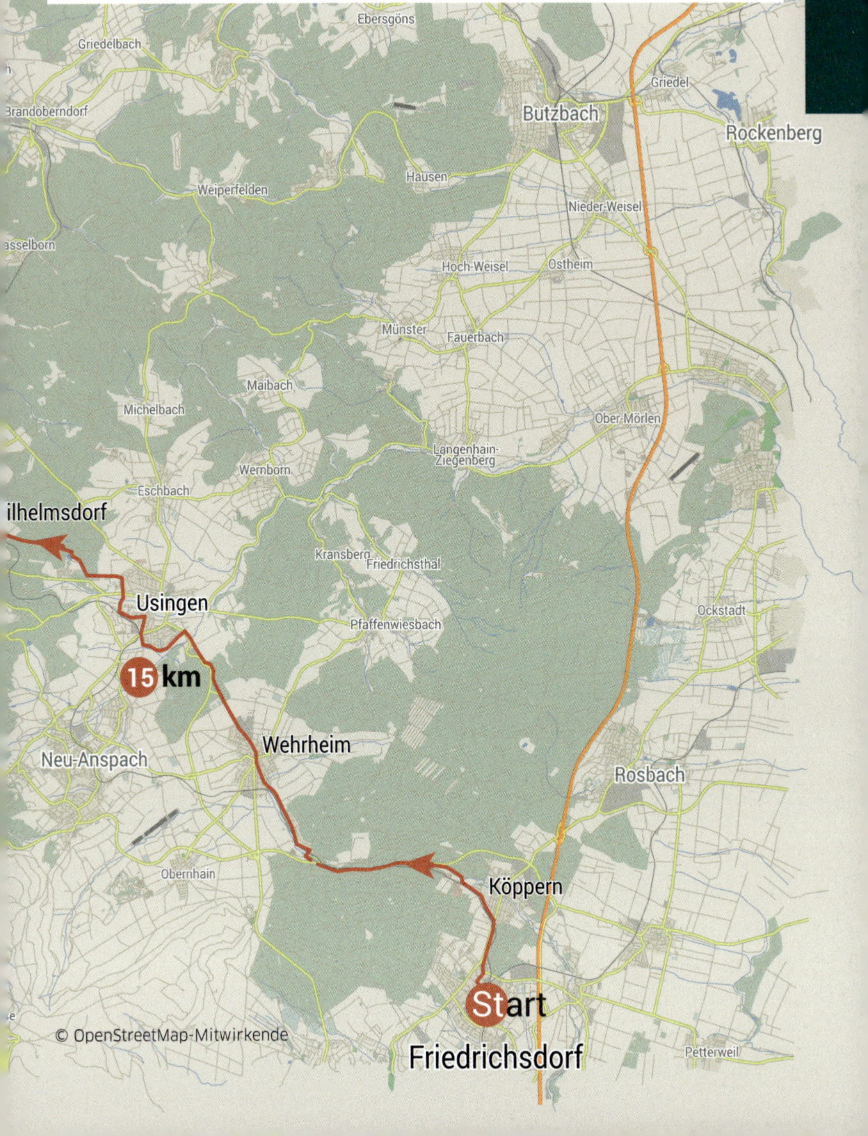

13 ÜBER WILHELMSDORF NACH WEILBURG

Anspruchsvolle und inspirierende Tour durch das Weiltal

Start: Bahnhof Friedrichsdorf / **Ziel:** Bahnhof Weilburg
Streckenlänge: ungefähr 60 km (wenn man für den Rückweg den ÖPNV benutzt)
Schwierigkeitsgrad: anspruchsvoll, wenn man die komplette Tour radelt, Teilstrecken sind allerdings auch möglich
Dauer: 3:45 – 4:15 h
Einkehrmöglichkeiten: Gastronomie in Usingen, Weilmünster und Weilburg bietet diverse Möglichkeiten.

Diese Tour fordert vom Radler ein wenig mehr Kondition, Ausdauer und Erfahrung – für etwas weniger Trainierte gibt es allerdings die Möglichkeit, sich eine Teilstrecke herauszupicken. Start ist dieses Mal am Bahnhof Friedrichsdorf. Von hier aus fahren wir in Richtung Innenstadt in die Hugenottenstraße. Am nördlichen Ende der Straße geht es nach links und weiter auf dem rechtsseitigen Radweg bis zum Bahnübergang in Köppern. „Usingen 12 km“ steht in Grün auf dem Radwegweiser am dortigen Bahnhof.

Wir fahren auf dem schmalen Sandweg an der Bahn entlang. Der Weg ist holprig, bis rechts eine Brücke über den Bach führt. Dahinter gleich links an der Landstraße weiter auf dem Radweg zwischen Erlenbach und Landstraße. Leider ist es hier ziemlich laut wegen der vorbeifahrenden Autos, aber man hat dafür mit einem Radweg, der nur ganz allmählich ansteigt, den bequemsten Weg ins „freie Germanien“ jenseits des Limes.

Begegnung von Rad und Bahn: Bei Wilhelmsdorf führt der Weg an der Strecke der Taunusbahn vorbei.

Römisches Kleinkastell

Kurz vor dem Freizeitpark Lochmühle bitte aufpassen: Der Radweg über die dortige Brücke ist sehr schmal. Direkt dahinter geht es nach links und zusammen mit dem Erlenbach unter der Straße hindurch. Unmittelbar vor dem Freizeitpark verläuft der Limes, links befinden sich Reste des römischen Kleinkastells Lochmühle.

Unsere Tour führt rechts weiter zum Bahnübergang und dann nach links an der Bahn entlang in Richtung Wehrheim. Am Ortseingang steht auf einem Radwegweiser „Weiltal 19 km". Und das stimmt fast genau, wie sich später herausstellt. Im Ort immer in Richtung Usingen, in der Ortsmitte von Wehrheim aufwärts an der alten Landstraße bis zum Sportplatz am Wald. Achtung: Ab hier geht es sehr steil und mit ein paar Kurven durch den Wald abwärts.

Der bequemste Pass

Unten im Tal folgt eine Links-Rechts-Kurvenkombination. Auf einer Brücke wird die Usa überquert, dann geht es sofort nach links auf dem hessischen Radfernweg R6 in Richtung Weiltal. Der R6 durchquert Usingen abseits des Verkehrs und führt oberhalb der Sportplätze weiter zum Hattsteinweiher. Allerdings ist der Aufstieg von der Usa hierher ein wenig schweißtreibend. Das nächste Ziel heißt Wilhelmsdorf. Dort kreuzen sich der R6 und die Taunusbahn an ihrem höchstgelegenen Bahnhof.

Eisenbahningenieure hatten zu Zeiten der kohlebefeuerten Dampfloks übrigens dieselben Ziele wie Reise-Radler heute: die maximale Höhe minimieren, um Energie zu sparen; die maximal mögliche Steigung einhalten; lieber Umwege anstelle mehrfacher Anstiege fahren. Das ist in Wilhelmsdorf gelungen: Hier ist der bequemste Pass über den Taunus-Hauptkamm. Danach folgt der R6 in leichtem Auf und Ab erst der Landstraße, dann einem abschüssigen Rüttelweg (Vorsicht!) nach Niederlauken und schließlich der Straße nach Gemünden und Emmershausen. Wer will, kann hier auf einsamer Landstraße sein Fahrrad ausfahren und Tempo machen – muss man aber nicht.

Vor Emmershausen biegen wir scharf nach rechts auf den Weiltalweg, der zwar kein Radweg ist, aber hier über ein paar Holzbrücken führt und sehr schön zu befahren ist. Wir radeln auf dem Weg bis Winden. Dann fährt man besser weiter auf der wenig befahrenen Landstraße im Weiltal über Audenschmiede nach Weilmünster. Ab hier wird der Weiltalweg zu einem richtigen Radweg. Es geht zunächst durch den Ort, dann immer dem Zeichen mit dem grünen Eichenblatt nach, auf der alten Bahntrasse am Waldrand bis zum ehemaligen Bahnhof Freienfels. Hier haben ein paar Eisenbahnrelikte überdauert. Falls geöffnet ist, lohnt ein Blick in den historischen Warte- und Schalterraum.

Wir fahren auf der alten Trasse, bis es scharf nach rechts über die Weil und hinunter zur Straße geht. Wer kurz davor nach rechts durch das Gestrüpp blickt, kann die Reste einer Eisenbahnbrücke über die Weil sehen; die Schiene führt hier noch immer direkt in einen Tunnel. An der Straße halten wir uns links, fahren wieder über die Weil und unter der Bahn hindurch auf den hessischen Radfernweg R7 direkt an der Lahn.

Wir passieren die Weil ein weiteres Mal direkt an ihrer Mündung. Und dann geht es weiter an der Lahn, über die Schleuse vor dem Schiffstunnel hinweg, weiter unterhalb der Stadt Weilburg und am Rollschiff (links) vorbei bis zur Straße. Hier biegen wir nach links über die alte Lahnbrücke ab und steuern den Bahnhof an. Bis hierher waren es etwa 60 Kilometer.

Mit Bus oder Bahn

Für den Rückweg gibt es im Wesentlichen zwei Varianten: Vom 1. Mai bis zum Ende der hessischen Herbstferien fährt an Wochenenden und Feiertagen der Weiltalbus mit Fahrradtransport ab Bahnhof Weilburg. Die Fahrt nach Oberursel oder Bad Homburg dauert mehr als eine Stunde, aber dafür kann man ganz entspannt das Weiltal genießen. Empfehlenswert ist es, an der Haltestelle am Sandplacken auszusteigen. Wer sich traut, kann von hier auf der Straße nach Oberursel rollen. Oder man nimmt den Limes-Radweg abwärts in Richtung Saalburg. Dort geht es entweder weiter abwärts zum Bad Homburger Hirschgarten oder auf der anderen Seite der Bundesstraße noch steiler bis zum Kirdorfer Waldfriedhof. Von dort sind es nach Friedrichsdorf zum Bahnhof etwas mehr als zwei Kilometer.

Die zweite Variante: Man nimmt den Zug von Weilburg über Gießen und Friedberg nach Friedrichsdorf. Die Fahrtzeit ist ähnlich wie mit dem Bus. Auch der Preis ist ähnlich, wenn man eine Bahncard hat.

14 IMPOSANTE BAUTEN, SCHÖNE LANDSCHAFT

Über eine historische Straße und viel Natur nach Lich

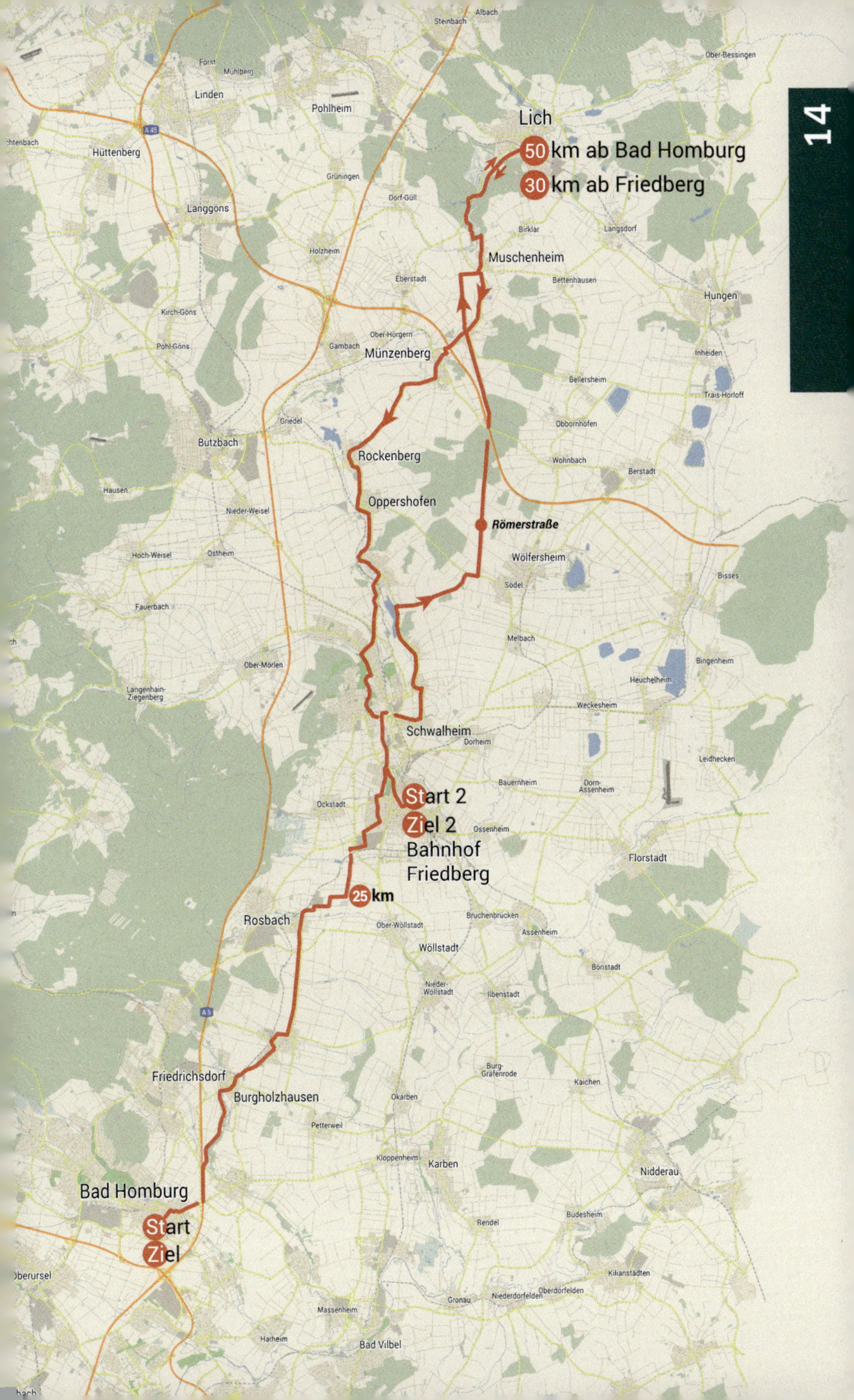
Lich
50 km ab Bad Homburg
30 km ab Friedberg
Muschenheim
Münzenberg
Rockenberg
Oppershofen
Römerstraße
Wölfersheim
Schwalheim
Start 2
Ziel 2
Bahnhof
Friedberg
25 km
Rosbach
Wöllstadt
Friedrichsdorf
Burgholzhausen
Karben
Bad Homburg
Start
Ziel
Butzbach
Linden
Pohlheim
Hüttenberg
Langgöns
Hungen
Florstadt
Nidderau
Bad Vilbel

14 **IMPOSANTE BAUTEN, SCHÖNE LANDSCHAFT**

Über eine historische Straße und viel Natur nach Lich

Start/Ziel: U-Bahn-Station Bad Homburg-Gonzenheim
Start/Ziel alternativ: Bahnhof Friedberg
Streckenlänge: ungefähr 100 km; ungefähr 60 km (ab Friedberg)
Schwierigkeitsgrad: anspruchsvoll; mehrere Steigungen; größtenteils asphaltierte Wege
Dauer: Tagestour
Einkehrmöglichkeiten: Kloster Arnsburg, Lich, Münzenberg und Bad Nauheim.

Diese Tour ist herausfordernd, wenn man sie in ganzer Länge fährt. Das muss man aber nicht – man kann sich auch auf Teile beschränken. So kann man zum Beispiel die Strecke zwischen Friedrichsdorf und Friedberg mit dem Zug zurücklegen. Das verkürzt die Tour auf dem Hin- und Rückweg um jeweils rund 20 Kilometer.

Wir starten in Bad Homburg-Gonzenheim an der Endstation der U2 und fahren zunächst parallel zur U-Bahn, bis ein grüner Radwegweiser die Richtung nach Ober-Erlenbach anzeigt. Der Weg führt über die U-Bahnlinie hinweg und nach Ober-Eschbach. Hier geht es links an der Sporthalle vorbei und auf der zurückgebauten Landstraße nach Ober-Erlenbach. Kurz hinter der Autobahn scharf nach links fahren, dann auf einem Sandweg parallel zur Autobahn bis ans Ende des Weges, über die Straße ins Gewerbegebiet, auf der Straße bis zu ihrem Ende, dann am Erlenbach weiter bis Burgholzhausen.

Wir radeln weiter rechts bergan über eine Kreuzung und an der übernächsten Ecke nach rechts in die Straße nach Rodheim. Es

Imposant: In Bad Nauheim ist das berühmte Schwalheimer Rad zu bewundern.

folgt ein schneller Ritt bergab aus dem Hochtaunus hinaus und in die Wetterau hinein. In Rodheim geht es nach dem zweiten Kreisverkehr in die erste Straße nach rechts, durch den Ort hindurch und vor der Kirche nach links bis zur Ampelkreuzung. Hier fahren wir weiter auf dem Radweg, der links an der Landstraße entlangführt, bis nach Nieder-Rosbach. An der ersten Ecke nach rechts und sofort wieder links durch die Siedlung bis kurz vor die Eisenbahnbrücke.

Sehenswerte Kirche

Jetzt folgt eine Kombination von rechtwinkligen Kurven durch die Felder: erst rechts, dann links, am Rosbacher Brunnen nach rechts, dann links, rechts und wieder links. Weiter geht es geradeaus über

Licher Bierkutscher

die Brücke über die Bahn, dann ganz scharf nach rechts zurück, unter der neuen B3 hindurch und nach links dem Radwegweiser in Richtung Friedberger Innenstadt folgend. Hier fahren wir unterhalb der Altstadt von Friedberg an der Festwiese vorbei und nach Bad Nauheim.

Es gibt dazu auch eine Alternative, die einen besonderen Reiz hat: Vom Bahnhof Friedberg fährt man aufwärts in die Innenstadt auf die Kaiserstraße und dann nach rechts bis vor die Burg mit dem Adolfsturm. Sehenswert: die Stadtkirche und mehrere uralte Häuser aus dem Mittelalter an der Kaiserstraße. Vor der Burg geht es dann links bergab nach Bad Nauheim.

In der Kurstadt führt die Tour auf dem Sandweg parallel zur Usa an den Kleingärten entlang bis zum Gradierbau mit der Nummer III. Hier radeln wir rechts aufwärts, an den Gradierbauten IV und V vorbei, in zwei engen Tunneln unter Bahn und Straße hindurch, steil hinunter zum riesigen Schwalheimer Rad mit seinem Gestänge, das früher eine Länge von fast 900 Metern hatte. Einst trieb das

Brauereifahne in Lich

Wasser der Wetter hier eine Pumpe im Tal der Usa an, die Salzsole über die Gradierwerke rieseln ließ.

Das Erbe der Römer

Von hier aus geht es auf der Straße über Rödgen nach Wisselsheim. Ab hier gibt es einen linksseitigen Radweg. Hinter Wisselsheim, aber noch vor Steinfurth, biegt rechts ein Feldweg in Richtung Södel ab. Wir fahren an einem Rosenhof vorbei und leicht aufwärts bis zur Landstraße nach Wölfersheim. Hier nach rechts abbiegen, dann nach wenigen Metern nach links weiter auf einer Römerstraße.

Es ist eindrucksvoll, kilometerweit auf diesem schnurgeraden Weg zu radeln. Mit welchen Hilfsmitteln es den Römern seinerzeit gelang, über Dutzende von Meilen hinweg ihre Straßen (und auch den Limes) geradeaus und über Hügel hinweg zu bauen, ist bis heute ein Mysterium. Die Römerstraße hier diente offenbar dazu, die Ausbuchtung des Limes nach Norden in die Wetterau zu schützen, denn

Kloster Arnsburg

sie zielt mit einem kleinen Knick genau auf die nördlichste Stelle mit dem Kastell Alteburg und verläuft auf dem Höhenrücken zwischen den Flüssen Wetter und Horloff.

Unsere Tour führt geradeaus hoch bis zum Schild, das rechts nach Trais weist, über die Autobahnbrücke nach links abwärts durch den Wald, unten an der Landstraße nach links bis kurz vor der Autobahn, dann nach rechts geradeaus steil hinab an die Wetter nach Trais. Hier kommt der Radfernweg R6 von links. Wir halten uns Richtung Muschenheim und fahren durchs Kloster Arnsburg mit seinen sehenswerten uralten Gebäuden. Direkt an der Wetter geht es jetzt sehr schön im Wald auf dem R6 nach Lich. Am Ortseingang links befinden sich die ehemaligen Stallungen der Brauereipferde, dann die Brauerei, dann der Bahnhof. Über den Bahnübergang geht es in die Innenstadt mit ihren beeindruckenden Fachwerkbauten. Bis hierher waren es etwa 50 Kilometer, beziehungsweise etwa 30 ab dem Bahnhof Friedberg.

Steil bergauf

Der Rückweg führt auf derselben Strecke bis Trais, jetzt fahren wir aber steil hoch auf dem R6 nach Münzenberg. Nur die letzten Hundert Meter vor der großen Burg zwingen zum Absteigen. Es geht um die Burg herum und auf dem R6 lange abwärts bis Rockenberg, unten dann links in Richtung Bad Nauheim und Steinfurth.

In Oppershofen geht es rechts über die Brücke über die Wetter und weiter zwischen Fluss und Butzbach-Licher Eisenbahn auf einem schönen Radweg abseits der Straße. Wir wechseln aufs linke Ufer der Wetter und in Steinfurth wieder aufs rechte. An der Straße nach Bad Nauheim rechts über die Eisenbahn, weiter auf dem Radweg parallel zur Bahnlinie aufwärts. Über die Höhe hinweg nach Nieder-Mörlen, nach links durch Bad Nauheim, am Kurpark mit dem Sprudelhof vorbei und weiter bis zum Gradierwerk III mit dem großen Rad davor. Ab hier ist die Strecke identisch mit dem Hinweg.

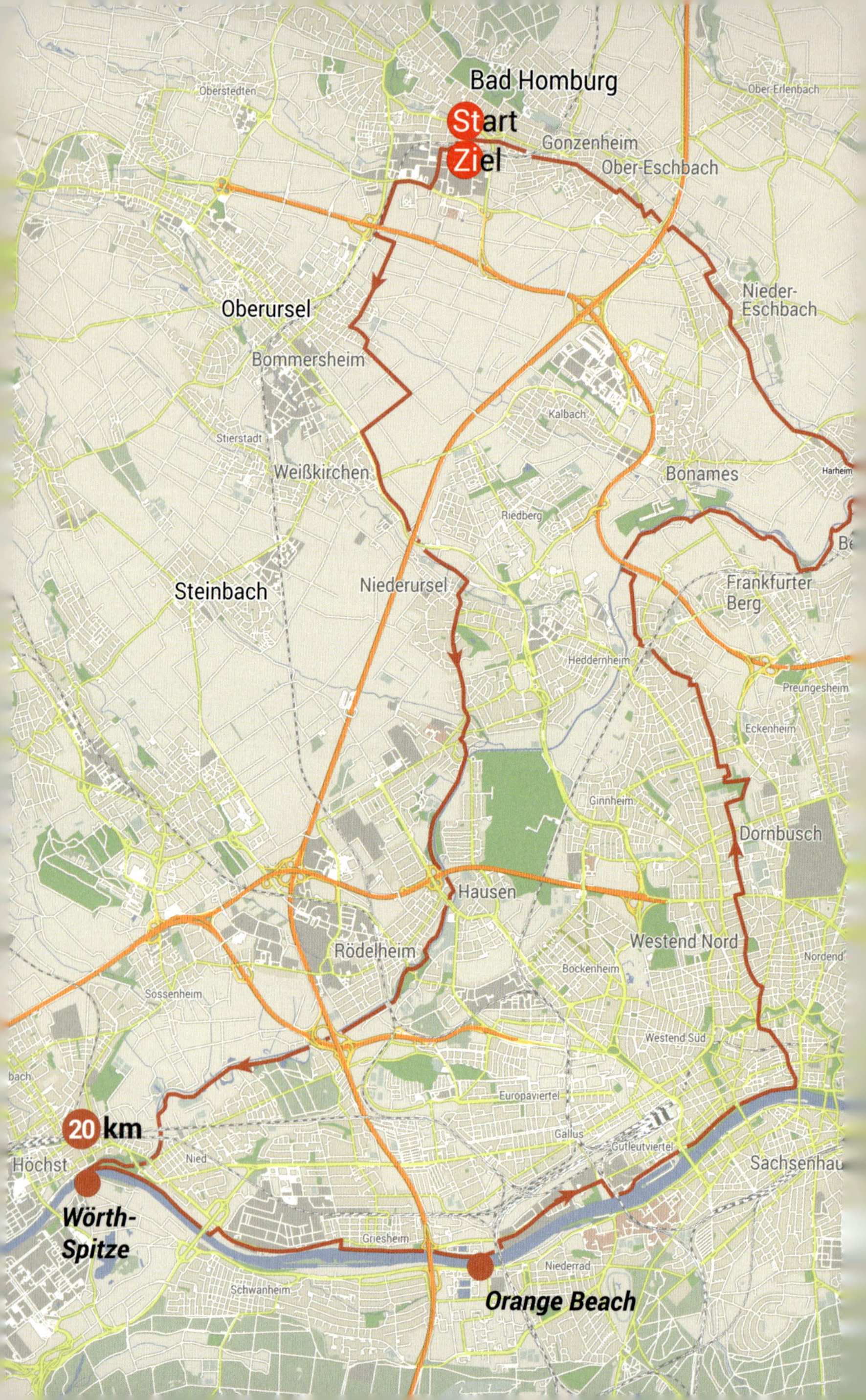

Bad Homburg
Start
Ziel
Oberstedten
Ober-Erlenbach
Gonzenheim
Ober-Eschbach
Oberursel
Nieder-
Eschbach
Bommersheim
Kalbach
Stierstadt
Weißkirchen
Bonames
Harheim
Riedberg
Steinbach
Niederursel
Frankfurter
Berg
Heddernheim
Preungesheim
Eckenheim
Ginnheim
Dornbusch
Hausen
Westend Nord
Rödelheim
Bockenheim
Nordend
Sossenheim
Westend Süd
Europaviertel
20 km
Gallus
Gutleutviertel
Höchst
Nied
Sachsenhau
Wörth-
Spitze
Griesheim
Niederrad
Schwanheim
Orange Beach

15 DER CHARME DER GROßSTADT

Zauberhafte Häuschen entlang der Nidda und des Mains

15 DER CHARME DER GROẞSTADT

Zauberhafte Häuschen entlang der Nidda und des Mains

Start/Ziel: Bahnhof Bad Homburg v. d. Höhe
Streckenlänge: ungefähr 50 km; ab Konstablerwache oder Hauptwache kann man auch mit der S-Bahn nach Bad Homburg zurückfahren
Schwierigkeitsgrad: leicht; keine wesentlichen Anstiege
Dauer: 3:15 – 3:45 h
Einkehrmöglichkeiten: Kleinmarkthalle, Orange Beach, aber auch an vielen anderen Orten.

Heute geht's in die Großstadt. Aber keine Sorge: Wir wählen einen Weg auf autofreien Radwegen oder ruhigen Nebenstraßen. Dabei nutzen wir ausgeschilderte Fahrradrouten in Frankfurt.

Start zu dieser Radtour ist am Bahnhof Bad Homburg. Auf der Südseite fahren wir nach rechts, am Horex-Museum vorbei, dann links auf die Vorfahrtstraße und geradeaus bis über die Kreuzung mit der Zeppelinstraße. Jetzt nach rechts bis zur Bahn, links an der Bahn entlang, unter der Autobahn hindurch, dann den zweiten Weg rechts nehmen und über einen Hügel – schon kommen wir ins Pferdedorf Oberursel-Bommersheim.

Hier geht es geradeaus bis zur Kreuzung mit der „Langen Straße", dann nach links und an der Kirche vorbei. Wir halten uns rechts, biegen in die Straße „An der Friedenslinde" ein und fahren dann links. Die Tour führt am Umspannwerk vorbei und an der Kreuzung mit der Regionalpark-Rundrunde nach rechts bis zur U-Bahn.

Nach links auf dem Radweg neben der U-Bahn abwärts, unter der Autobahn hindurch, vor dem „Lahmen Esel" nach rechts durch

Wörthspitze

Niederursel, über den Urselbach hinweg, oben links und geradeaus auf dem Praunheimer Weg abwärts.

Kurz darauf wechseln wir auf den Radweg und fahren am Kreisel hinter dem Nordwestkrankenhaus nach links abwärts zur Nidda. Aufpassen an der Einmündung in den Niddaweg, die ist sehr eng!

Jetzt geht es weiter nach rechts und lange geradeaus an der Nidda bis Rödelheim. Unbedingt sehenswert: das zauberhafte Petrihäuschen am Wehr, im Brentano-Park das Gartenhäuschen, in dem schon Goethe weilte, und der „Pedarius Nudus" im Solmspark. Weiter an den Stromschnellen vorbei nach Nied und bis zum Main. Tipp: kleiner Ausflug auf die Wörthspitze mit Blick auf Main und Nidda.

Gut ausgebauter Weg

Wir radeln weiter auf dem nördlichen Mainuferweg in Richtung Griesheim. Der Radweg an der Straße durch das Industriegebiet ist hervorragend ausgebaut. Kurz vor der Griesheimer Staustufe geht es wieder direkt ans Wasser. Der nächste Abschnitt am Hafen vorbei ist sogar ein wenig maritim.

Es geht unter der A5 hindurch, dann kommt die Niederräder Eisenbahnbrücke mit dem Kiosk „Orange Beach", der meist von 13 Uhr an geöffnet ist. Jetzt geht es lange weiter auf dem Radweg an der Straße bis unmittelbar hinter die nächste Eisenbahnbrücke, dann sofort nach rechts, aber nicht auf die Brücke, sondern links daran vorbei. Vorsicht: Hier ist es eng!

Unsere Tour führt uns an den ehemaligen Westhafen, über die erste Brücke geht es nach rechts wieder an den Main und weiter durch Neubauten bis zur Untermainbrücke. Jetzt hat man die Wahl: Man kann durch den Nizza-Park zum Eisernen Steg fahren und dann genussvoll ohne Autoverkehr auf die andere Seite zum Römerberg wechseln. Oder man fährt direkt weiter auf dem Mainkai ohne Autos bis zum Römerberg. Ein Abstecher zur Kleinmarkthalle ist unbedingt zu empfehlen! Dazu fährt man auf der „Neuen Kräme" hoch bis zum Liebfrauenberg und dann nach rechts. Hier wartet die unverwüstliche Frau Schreiber mit ihrer berühmten Fleischwurst.

Weiter geht die Radeltour über Hasengasse und Stiftstraße bis zum Eschenheimer Tor mit seinem markanten Turm. Ab hier heißt es besonders aufpassen, nicht nur wegen der vielen Autos. Denen kann man gut ausweichen, man muss sich nur akribisch an die grünen Radwegweiser halten. Unsere geplante Route soll zum „Glitzermoos" führen. Diese Kunstinstallation ist an der Brücke der A661 über die Nidda befestigt. Dazu suchen wir am Beginn des Oeder Wegs ein Radrouten-Schild mit der Aufschrift „Eschersheim, Dornbusch". Haben wir eines gefunden, so folgen wir beständig den Pfeilen oder den Schildern. Nicht verpassen: Es geht an der Mittelstraße nach links in den Bornwiesenweg.

Durch zahlreiche Richtungswechsel darf man sich nicht beirren lassen, die sorgen nämlich für ruhiges Radeln abseits des Verkehrs. Es lohnt sich, an jeder Ecke zu suchen und notfalls anzuhalten. Ist der Hessische Rundfunk erreicht, wechselt die Beschilderung: Ab jetzt heißt es nur noch „Eschersheim". Bitte weiter akribisch den Richtungswechseln folgen, notfalls anhalten und suchen, wenn man ein Schild vermisst.

Schöner Blickfang: das Petrihaus an der Nidda bei Rödelheim.

In Eschersheim wechselt die Beschilderung auf „Nidda-Uferweg". Nach der Unterquerung der Main-Weser-Bahn ist die Nidda nicht mehr weit. Unmittelbar vor der Autobahn fehlt ein Schild, aber es geht natürlich nach links abwärts. Jetzt ist das „Glitzermoos" an der Autobahnbrücke erreicht. Es handelt sich um „Reißnägel auf Acrylglas".

Der Rest der Tour ist rasch erzählt: An der Nidda bis zur Brücke in Harheim, durch Harheim und auf der Radroute im Eschbachtal über Nieder-Eschbach, Bad Homburg/Ober-Eschbach nach Gonzenheim. Hinter der U-Bahn-Endstation geht es nach links, dann wieder nach rechts in die Feldstraße. An deren oberem Ende führt ein kleiner Weg nach links direkt am Bach in Richtung Bahnhof, den man nach ein paar Hundert Metern erreicht.

16 AUF DEN SPUREN MARTIN LUTHERS

In die Wetterau und zu berühmten Persönlichkeiten

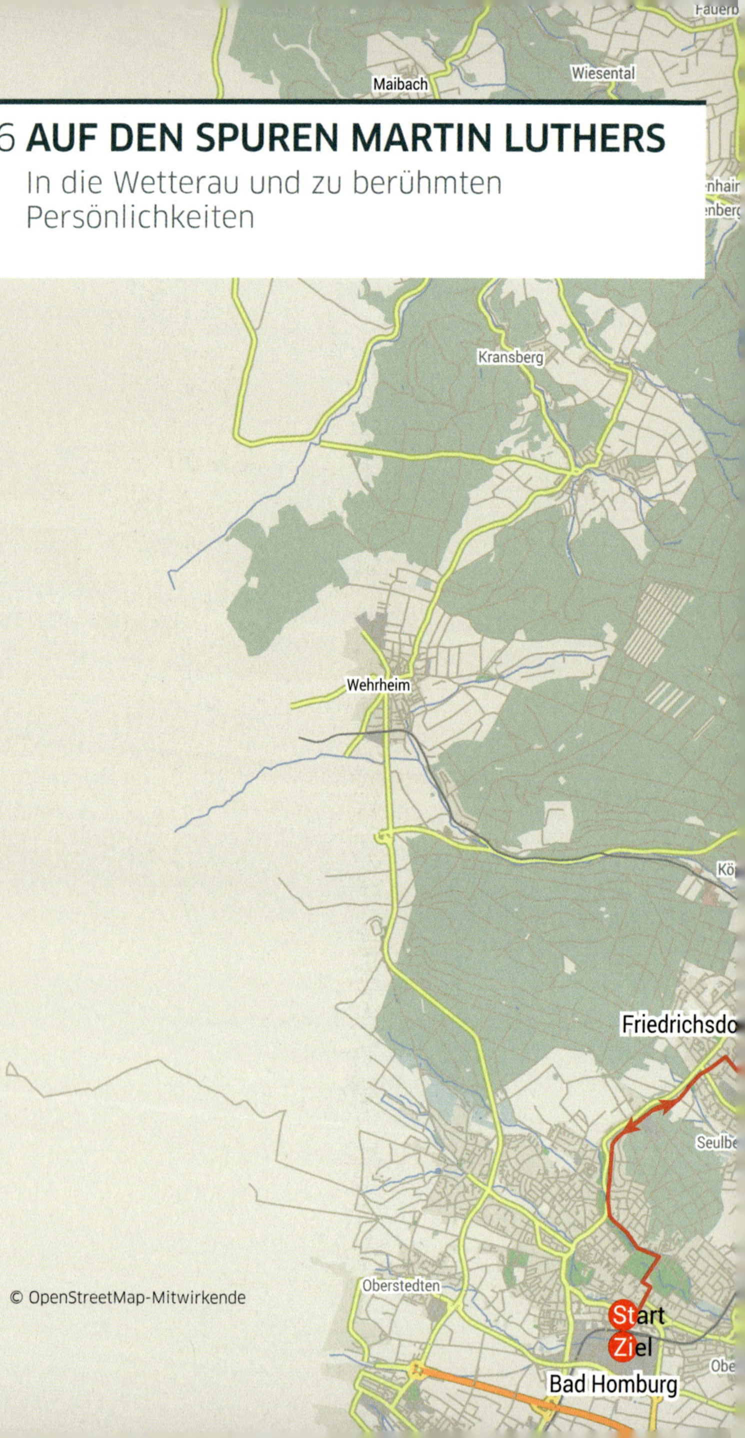

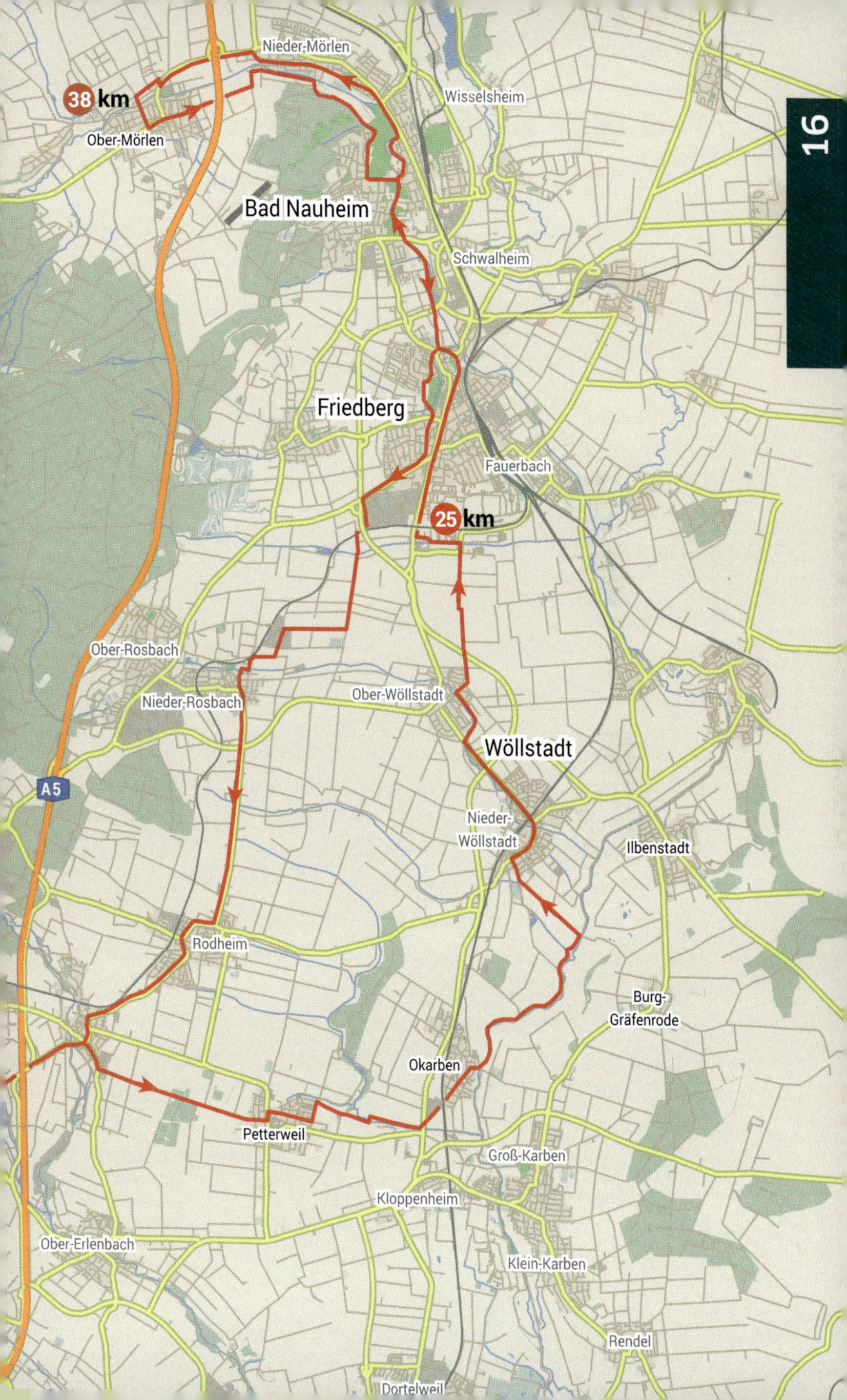

38 km
Nieder-Mörlen
Wisselsheim
Ober-Mörlen
Bad Nauheim
Schwalheim
Friedberg
Fauerbach
25 km
Ober-Rosbach
Nieder-Rosbach
Ober-Wöllstadt
Wöllstadt
A5
Nieder-Wöllstadt
Ilbenstadt
Rodheim
Burg-Gräfenrode
Okarben
Petterweil
Groß-Karben
Kloppenheim
Ober-Erlenbach
Klein-Karben
Rendel
Dortelweil

16 AUF DEN SPUREN MARTIN LUTHERS

In die Wetterau und zu berühmten Persönlichkeiten

Start/Ziel: Bahnhof Bad Homburg v. d. Höhe; alternativ: Bahnhof Friedrichsdorf
Streckenlänge: ungefähr 77 km (Bad Homburg); ungefähr 62 km (Friedrichsdorf)
Schwierigkeitsgrad: mittel; einige Steigungen; größtenteils autofrei
Dauer: Tagestour
Einkehrmöglichkeiten: Gastronomie in Friedberg und Bad Nauheim.

Im Jahre 1521 zog Martin Luther zum Reichstag nach Worms, das wissen die meisten. Es ist auch weitgehend bekannt, welchen Weg er von Wittenberg aus genommen hat. So wurde 500 Jahre nach seinem Thesenanschlag ein Wander- und Pilgerweg von Wittenberg bis Worms unter dem Namen „Lutherweg 1521" eröffnet und mit einem grünen Fraktur-L gekennzeichnet. Dieser Weg verläuft zu einem großen Teil durch Hessen und berührt unter anderem Frankfurt, Friedberg, Butzbach, Lich und Grünberg. Obwohl es sich eigentlich um einen Wanderweg handelt, ist er durchaus fürs Fahrrad geeignet, allerdings mit Einschränkungen. So sollte man stets Fußgängern und Wanderern Vorrang einräumen, und es gibt Abschnitte, die man gar nicht oder nur bei sehr trockenem Wetter befahren sollte. Die Beschilderung ist für Wanderer gemacht, die Schilder sind daher klein, dafür aber zahlreich.

Wir starten unsere Tour am Bahnhof in Bad Homburg und fahren zunächst quer durch die Innenstadt und durch den Kur-

Infotafel in Petterweil

park. Auf dessen Nordseite führt ein Radweg in Richtung Friedrichsdorf. Dem folgen wir entlang der Friedberger Straße bis zum ersten Kreisel in Friedrichsdorf, hier nach rechts, gleich wieder nach links abwärts, unten wieder nach rechts geradeaus zum Bahnhof.

Über Petterweil

Nun müssen wir den Lutherweg suchen. Dazu fahren wir nach rechts unter der Bahn hindurch und dann so lange geradeaus, bis die Autobahn in Sicht kommt. An einer Radwegkreuzung ohne Wegweiser geht's nach links. Wir fahren auf der rückgebauten Landstraße, dann links auf dem Radweg bis zur Ampel. Dort bei Grün kreuzen und dann auf dem Radweg direkt nach Burgholzhausen. Im Ort aufwärts und an der Ampelkreuzung rechts.

Blick nach Westen Richtung Taunus

Weiter geht's ein Stück geradeaus und dann nach links in den beschilderten Weg nach Petterweil. Jetzt radeln wir lange schnurgerade abwärts bis zur Vorfahrtsstraße. Hier kommt der Lutherweg von rechts. Hier führt unsere Tour nach links. Wir fahren dem grünen Fraktur-L nach, an dem kleinen Kirchlein mit Hinweistafel vorbei und biegen dann nach rechts. Weiter geradeaus durch den Ort und am Ende der Straße nach links. An der Kreuzung mit dem Regionalpark-Rundweg (weißer Viertelkreis in rotem Feld) kurz innehalten: Der Lutherweg geht weiter geradeaus, sollte aber nur bei wirklich trockenem Wetter benutzt werden, denn er hat ab hier bis zum Bahnhof Okarben eindeutig den Charakter eines Wanderwegs.

Zwei Varianten

Aber es gibt eine Alternative: Dem Regionalpark-Rundweg folgen, im Tal des Heitzhoferbachs abwärts bis zur B3, die Bundesstraße per Ampel queren und die Brücke über die Main-Weser-Bahn schiebend überwinden. Dann geht's auf der Hauptstraße durch Okarben, bis der Rundweg nach rechts führt und man an die Nidda kommt.

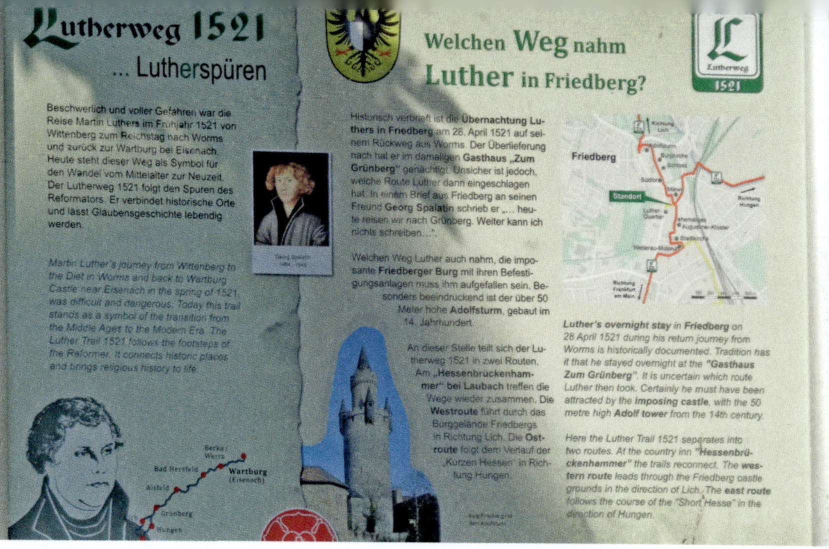

Infotafel in Friedberg

Wer das Abenteuer liebt oder wissen möchte, wie es Luther mit seinem Pferde-Planwagen erging, kann auch weiter geradeaus auf der Hauptstraße fahren. Der Lutherweg geht vor einer Bäckerei nach rechts. Aber Achtung: Der Weg verläuft auf einer alten Römerstraße und unbefestigten Feldwegen nach Niederwöllstadt. Besser ist es, an der Nidda flussaufwärts zu fahren und nach ein paar Kilometern links nach Niederwöllstadt abzubiegen, wo man auf der Hauptstraße den Lutherweg wiederfindet.

Von hier aus weiter durch den Ort, unter der Bahn hindurch und auf den Radweg rechts. Nach Oberwöllstadt fahren wir hoch auf eine Brücke, queren die B3 und fahren wieder hinunter nach Friedberg. Die Strecke verläuft links durchs Gewerbegebiet, dann auf der alten B3 aufwärts Richtung Innenstadt.

Am ehemaligen Eingang zur Kaserne der Amerikaner stehen sowohl ein grünes Fraktur-L als auch Hinweise auf Elvis Presley. In der Stadt halten wir uns rechts, fahren an der Stadtkirche vorbei, dann sofort rechts und wieder links in die Augustinergasse (Luther war Augustinermönch). Am Ende der Gasse sehen wir ein Info-Schild auf einem kleinen Platz. Hier teilt sich der Lutherweg in zwei Äste. Vermutlich hat der Reformator auf seinem Rückweg von Worms den rechten befahren.

An seinem Ziel Wittenberg ist er bekanntlich nicht angekommen, denn sein langjähriger Beschützer, der sächsische Kurfürst Friedrich der Weise, ließ Luther in einer genialen Aktion im Thüringer Wald zum Schein entführen und auf die Wartburg bringen. Damit zog er den durch Acht und Bann Bedrohten einige Zeit aus dem Verkehr und gab ihm Gelegenheit, die Bibel zu übersetzen.

Zurück in die Gegenwart: Der Lutherweg führt weiter durch die Friedberger Burg. Mit dem Rad fährt man besser links an dem Gemäuer vorbei und abwärts nach Bad Nauheim. Dort dann an der Usa an den Gradierwerken vorbei, auf dem Radweg links bis zur Ampel mit Elvis-Männchen in Rot und Grün. Gegenüber erneut eine Informationstafel zum Lutherweg.

Wegweiser in Friedberg

Rosbacher Brunnen

Die nächsten Kilometer sind schnell erzählt: Am Sprudelhof vorbei, immer weiter den Radwegweisern bis Niedermörlen folgen, durch den Ort, unter der A5 hindurch, gegenüber einer kleinen Kapelle („Maria zum guten Rat") die Straße kreuzen. Weiter nach links auf dem Usa-Radweg bis zur Kreuzung, an der der Lutherweg von rechts aus Ostheim und Niederweisel kommt. Hier ist der Endpunkt unserer Tour.

Der Rückweg führt auf dem Lutherweg durch Obermörlen und hier nach links in Richtung Autobahn. Der Weg biegt am Ortsende nach links ab und wird unbefahrbar. Wir verlassen ihn kurz und fahren geradeaus, um die Autobahn auf einer alten Pflasterstraße zu unterqueren. Am Ende geht es nach links abwärts, wo wir an einer kleinen Kapelle den Lutherweg wiederfinden.

Lutherweg Richtung Ostheim

Wir fahren zunächst auf dem Radweg durch Niederweisel, dann nach rechts über eine Usa-Brücke auf der Radroute „Bad Nauheim I+II" auf einer sehr schönen Waldstrecke am Golfplatz vorbei bis in die Innenstadt. Dabei passieren wir den Elvis-Presley-Platz mit entsprechender Gedenkstelle.

Hier geht es abwärts zur Usa, wie auf dem Hinweg bis Friedberg, aber jetzt unterhalb der Innenstadt in Richtung Rosbach und Rodheim, an der großen Festwiese vorbei. Wir radeln aufwärts bis zur alten Bundesstraße nach Bad Homburg. Nach ein paar Metern geht es links an einem Kindergarten vorbei ins Gewerbegebiet Friedberg-Süd, dann immer den grünen Wegweisern nach auf einer Brücke über die Bahn. Feldwege führen im Zickzack an dem Rosbacher Brunnen vorbei nach Nieder-Rosbach. Dann geht es auf dem Radweg an der Straße nach Rodheim und hoch nach Burgholzhausen. Weiter auf Radwegen wie auf dem Hinweg nach Friedrichsdorf und dort zum Bahnhof.

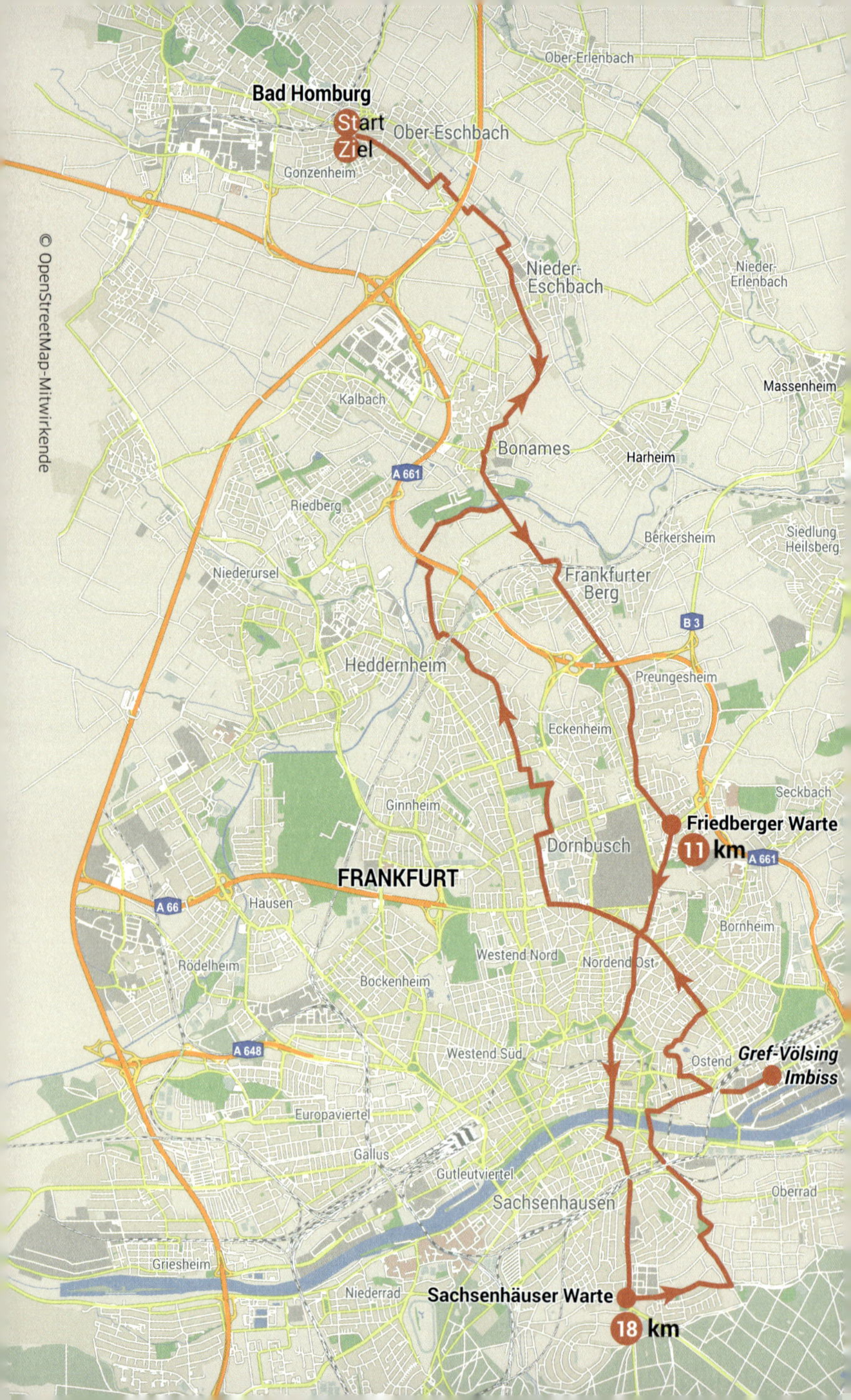

Bad Homburg
Start
Ziel
Ober-Erlenbach
Ober-Eschbach
Gonzenheim
© OpenStreetMap-Mitwirkende
Nieder-Eschbach
Nieder-Erlenbach
Massenheim
Kalbach
Bonames
Harheim
A 661
Riedberg
Berkersheim
Siedlung Heilsberg
Niederursel
Frankfurter Berg
B 3
Heddernheim
Preungesheim
Eckenheim
Seckbach
Ginnheim
Friedberger Warte
11 km
Dornbusch
A 661
FRANKFURT
A 66
Hausen
Bornheim
Westend Nord
Nordend Ost
Rödelheim
Bockenheim
A 648
Westend Süd
Ostend
Gref-Völsing Imbiss
Europaviertel
Gallus
Gutleutviertel
Sachsenhausen
Oberrad
Griesheim
Niederrad
Sachsenhäuser Warte
18 km

17 **RADELN VON WARTE ZU WARTE**

Bequeme Tour mit viel Stadtgeschichte

17

Start/Ziel: Bahnhof Bad Homburg v. d. Höhe
Streckenlänge: ungefähr 45 km
Schwierigkeitsgrad: leicht; nur wenige Steigungen; Frankfurter Stadtverkehr erfordert Konzentration
Dauer: 3:00 - 3:30 h
Einkehrmöglichkeiten: Gastronomie findet sich überall entlang der Strecke.

Der Weg ist das Ziel – unter diesem Motto könnte diese Tour stehen. Sie führt uns wieder einmal in die Großstadt vor unserer Haustür. Auf historischen Pfaden radeln wir von Warte zu Warte und kommen dabei an vielen sehenswerten Orten vorbei.

Start dieser Tour ist am U-Bahnhof Bad Homburg-Gonzenheim. Wir fahren zunächst an der U-Bahn entlang bis zum Bahnübergang an der Frankfurter Landstraße. Hier über die Bahn, gegenüber ins Gartengelände, nach rechts, unter der Autobahn hindurch, dann nach links, wieder nach rechts und schließlich geradeaus durch Nieder-Eschbach. Wir fahren auf dem Radweg im Eschbachtal aus dem Ort hinaus und biegen rechts ab in den Weg „Auf der Steinern Straße". An deren Ende treffen wir in Bonames wieder auf die Landstraße, die hier Homburger Landstraße heißt.

Dieser historische Weg führt über die Nidda und dann schnurstracks zur Friedberger Warte. Dabei begleiten ihn fast überall Radwege links und rechts; nur in einem kurzen Tempo-30-Abschnitt in Preungesheim gibt es keine.

Friedberger Warte

Über den Main

Nach etwa elf Kilometern haben wir die Friedberger Warte erreicht. Der mächtige mittelalterliche Wachtturm war einst zur Absicherung der von Norden auf Frankfurt zulaufenden Straßen aus Richtung Friedberg und Taunus gedacht. Von hier aus geht es abwärts in die Stadt hinein. Die Friedberger Straße mit dem Fahrrad hinabzufahren, ist einerseits ein Vergnügen, weil man kaum zu treten braucht. Aber man begegnet hier auch vielen anderen Verkehrsteilnehmern – vor allem auf den wenigen Abschnitten ohne eigenen Radweg.

Schließlich kommen wir an der Konstablerwache an. Dort biegen wir rechts ab und fahren dann wieder links, um auf die Fahrgasse zu gelangen, die Teil des uralten Hauptwegs in Richtung ehemalige Furt durch den Main war. Lange schon gibt es hier eine Brücke, die

Alte Brücke mit dem goldenen „Brückengickel“ auf einem Mast auf der linken Seite.

Auf der südlichen Mainseite steht links das Deutschordenshaus mit dem Ikonen-Museum. Viele Jahre lang lebte der Philosoph Arthur Schopenhauer an der Straße „Schöne Aussicht“ auf der nördlichen Mainseite mit direktem Blick auf dieses Gebäude. Wir biegen direkt dahinter links in Richtung Darmstadt ab und radeln auf der Straße – hier gibt es zunächst keinen Radweg – bis zur Kreuzung hinter der Eisenbahnbrücke am Südbahnhof. Von hier aus führt die Tour weiter aufwärts auf der Darmstädter Landstraße – jetzt wieder mit Radweg – bis zur Sachsenhäuser Warte, die auf der linken Straßenseite steht. Die Sachsenhäuser Warte ist das südliche Gegenstück zur Friedberger Warte.

Bis hierher waren es insgesamt etwa 18 Kilometer. Direkt hinter der Warte führt eine ruhige Straße nach links bis kurz vor dem Waldspielplatz am Goetheturm. Wir fahren nach links in Richtung Sachsenhausen und dann lange abwärts bis zur Offenbacher Straße. Weiter abwärts nach links, dann rechts halten und den Main auf der Flößerbrücke überqueren. Hier wieder rechts halten bis zur Hanauer Landstraße. Wir passieren die Europäische Zentralbank und unterqueren die Eisenbahn. Dann kommt links am Osthafenplatz der Imbissladen der Firma Gref-Völsing. Das Geschäft hat einen herben Charme, aber es gibt allerlei Gutes zu essen – und das sehr rasch dank des zahlreichen Verkaufspersonals. Man trifft hier allerlei Volk – vom Polizisten über rastende Radler und hungrige Handwerker bis zu EZB-Bankern in dunklen Anzügen.

Antiker Radweg

Auf dem Rückweg orientieren wir uns in Richtung Zoo, fahren daran vorbei auf die Wittelsbacherallee und dann nach links auf die Habsburgerallee mit ihrem Radweg. Der ist zwar eher von der antiken Sorte, führt aber nach geduldiger Fahrt über etwa vier Kilometer am Polizeipräsidium zu einem grünen Radwegweiser, der nach rechts in Richtung Eschersheim zeigt. Diesem Wegweiser folgen wir geduldig.

Die Sachsenhäuser Warte ist ein wahres Schmuckstück – und das Pendant zur Friedberger Warte.

Wegen der dichten Bebauung ist die Wegführung wenig intuitiv und macht viele Schlenker. Auch sind manche Wegweiser verdeckt. Deshalb hier in Kürze die Stellen, an denen man sich verfahren könnte:

→ Fritz-Tarnow-Straße: nach rechts und in den Park hinein,
→ vor der Gaststätte „Jahnvolk“: nach links,
→ im sich anschließenden Park: den mittleren Weg nehmen, dann sofort nach rechts, dann wieder rechts,
→ im Kreis nach links und geradeaus,
→ Friedlebenstraße: nach links,
→ Grafenstraße: nach rechts,
→ Hügelstraße: eine Rechts-Links-Kombination,
→ hinter den Ulmen: links, dann rechts.

Von hier aus steht auf den Wegweisern „Niddauferweg“. Dem Radweg an der Nidda folgen wir bis zur Kreuzung mit der Homburger Landstraße. Hier geht es aufwärts nach Bonames bis zum Bahnübergang, dann nach rechts in den Weg „Auf der Steinern Straße“. Der restliche Weg ist dann mit dem Hinweg identisch.

18 HUNDERTWASSER UND ACHT BAHNHÖFE

Am Taunushang entlang

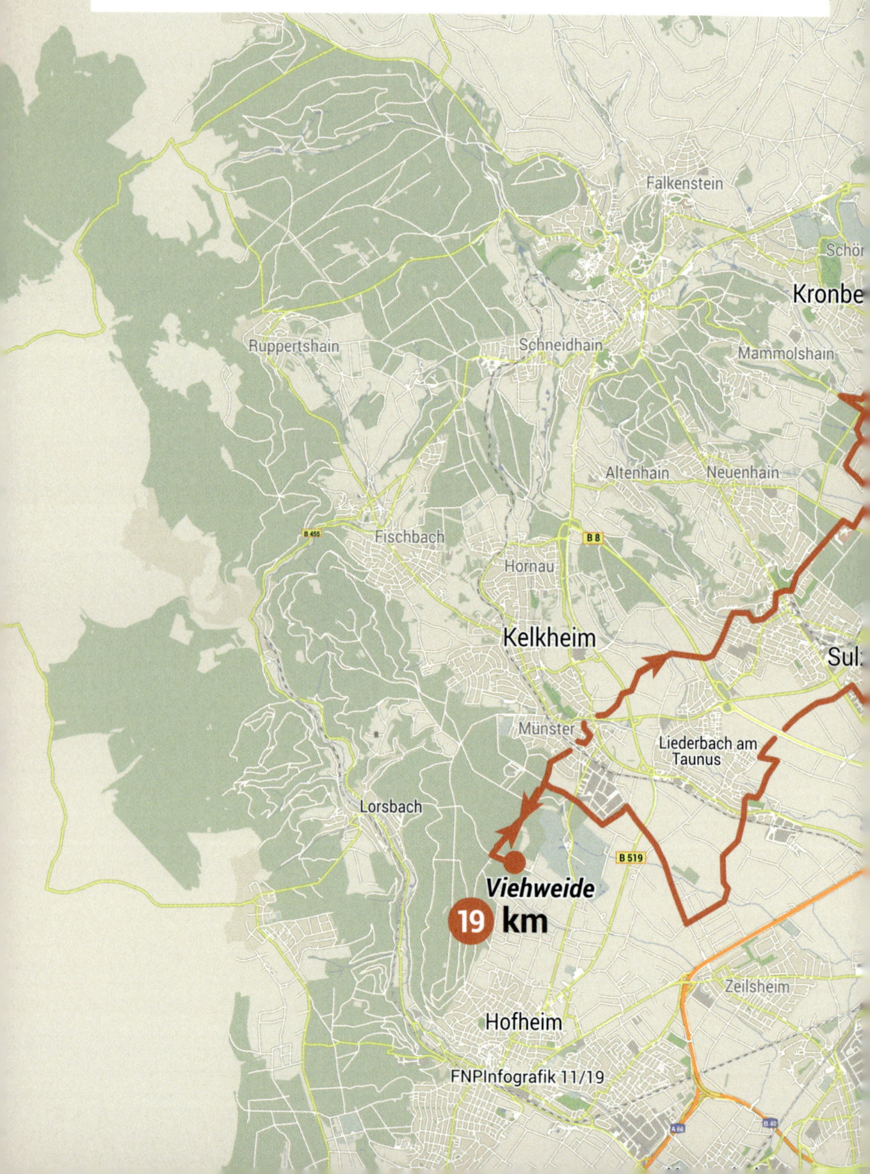

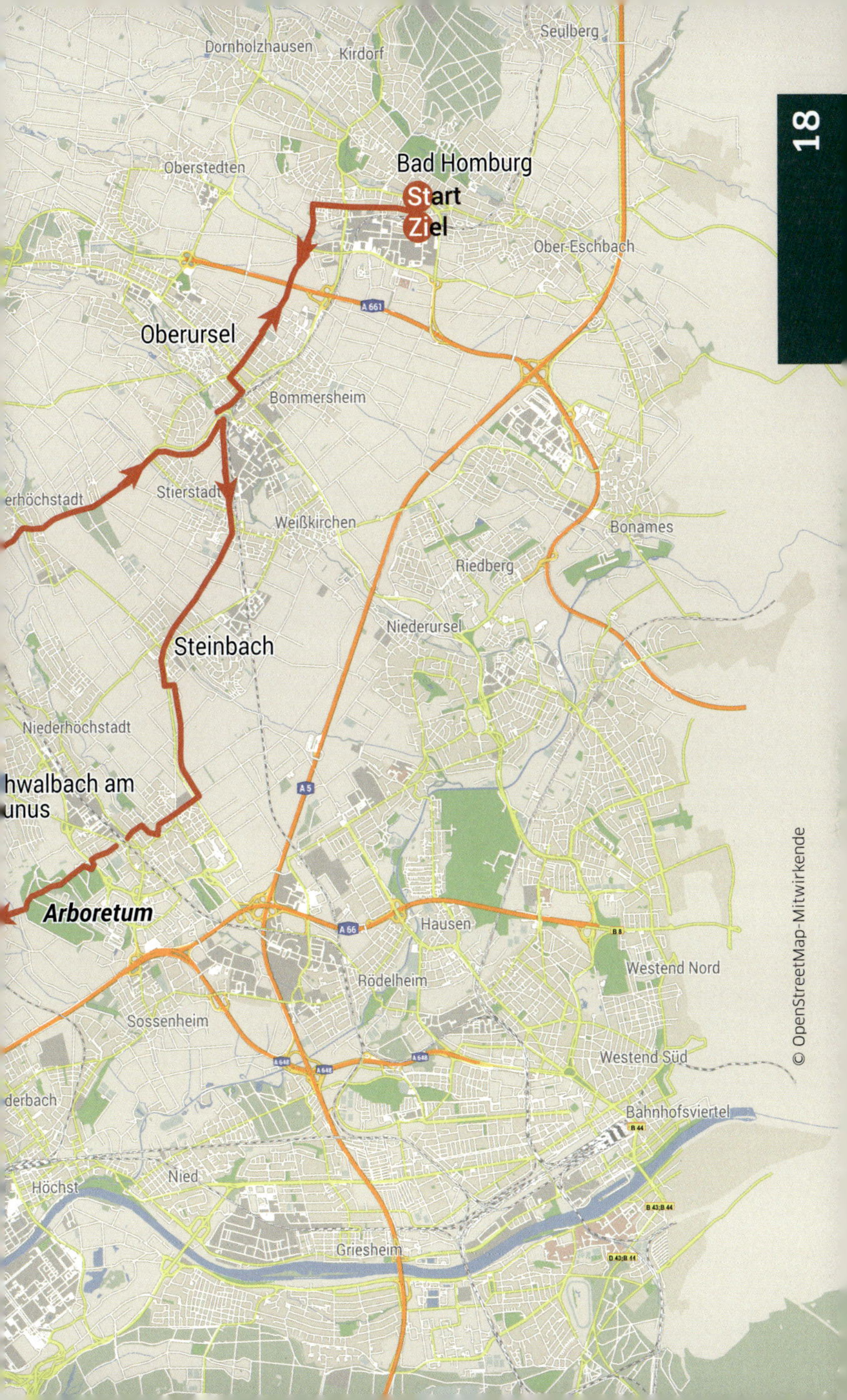
Seulberg
Dornholzhausen
Kirdorf
Bad Homburg
Start
Ziel
Oberstedten
Ober-Eschbach
A 661
Oberursel
Bommersheim
erhöchstadt
Stierstadt
Weißkirchen
Bonames
Riedberg
Niederursel
Steinbach
Niederhöchstadt
hwalbach am
unus
A 5
Arboretum
Hausen
A 66
B 8
Westend Nord
Rödelheim
Sossenheim
A 648
Westend Süd
derbach
Bahnhofsviertel
B 44
Höchst
Nied
Griesheim

18 HUNDERTWASSER UND ACHT BAHNHÖFE

Am Taunushang entlang

Start/Ziel: Bahnhof Bad Homburg v. d. Höhe
Streckenlänge: ungefähr 55 km
Schwierigkeitsgrad: mittel; einige Steigungen; meist befestigte Wege; größtenteils autofrei
Dauer: 4:00 - 4:30 h
Einkehrmöglichkeiten: Waldgaststätte Viehweide, weitere Optionen in Kelkheim-Münster, Bad Soden und Oberursel.

Viehweide, Hundertwasser, Schinderhannes und acht Bahnhöfe – wie passt das alles zusammen? Die Antwort finden alle, die sich per Rad auf eine ausgesprochen abwechslungsreiche Entdeckungsreise am Taunushang begeben.

Wir starten zu unserer Tour am Bahnhof Bad Homburg (Nr. 1), fahren die Frölingstraße bis zum Ende und dann dem grünen Radwegweiser nach in Richtung Oberursel. An der dortigen Bärenkreuzung geht es nach links die Adenauerallee und vor dem Bahnhof Oberursel (Nr. 2) nach rechts. Man folge dem Radwegweiser nach Steinbach/Eschborn, vorbei am Bahnhof Stierstadt (Nr. 3), weiter immer geradeaus, an Pferdeweiden vorbei, bis in die Ortsmitte von Steinbach. Hier biegen wir nach rechts auf die Straße in Richtung Eschborn und wechseln nach wenigen Metern auf den Radweg links der Straße.

Nach etwa einem Kilometer kommt der Regionalpark-Rundweg (rotes Dreieck) von links. Genau hier ist die Kreisgrenze zwischen Hoch- und Main-Taunus. Nach einem weiteren Kilometer geht es scharf nach rechts über die Straße (Ampel beachten!) nach Eschborn hinein. Weiter durch Eschborn hindurch, auf dem Rundweg, immer aufs rote Dreieck achtend, und am Bahnhof (Nr. 4) vorbei. In einem Schwenk geht es über die Frankfurter Straße, dann durchs Arboretum, dahinter steil bergab und geradeaus durch Sulzbach. Auch dort am Bahnhof (Nr. 5) vorbei, dann rechts, links, rechts und wieder links, bis man vor der Ampel an der Landstraße nach Königstein steht. Wir orientieren uns am Ziel „Ziegeleipark Kriftel" – auch wenn wir bis dorthin gar nicht wollen.

Bei Grün geht es jenseits der Straße weiter, unter der B8 hindurch und weiter dem Rundweg folgend nach Oberliederbach. Nach ein paar Kurven über die Bahn (diesmal nicht am Bahnhof) fahren wir weiter an Wiesen und Äckern vorbei bis zur Kreuzung mit dem hessischen Radfernweg R8. Unser vorläufiges Fernziel ist ab hier „Kelkheim". Auf dem R8 radeln wir nach rechts – über die B519 hinweg (Vorsicht!) – und weiter ansteigend in den Wald hinein. An einer Wegkreuzung führt der Weg nach links zur „Viehweide", die nach etwa zwei Kilometern erreicht ist. Eine Weide gibt es hier nicht mehr, aber eine Gaststätte mit großem Biergarten und weitem Blick auf die Vororte von Frankfurt. Bis hierher waren es rund 27 Kilometer.

Von hier aus geht es zunächst auf demselben Weg im Wald zurück und nach der Kreuzung mit dem R8 abwärts bis zum Bahnhof in Kelkheim-Münster (Nr. 6). Dort halten wir uns rechts und fahren auf einem schmalen Übergang (Vorsicht!) über die Schiene. Jetzt weiter durch die Ortsmitte, immer den Radwegweisern in Richtung Bad Soden folgend. Achtung: Einige Wegweiser im Wiesengrund sind möglicherweise verdreht.

Park mit Brunnen

Weiter geht es unter der B8 hindurch und nach Bad Soden hinein. Hier folgt jetzt eine sehr steile Abfahrt zur Ortsmitte. Aber keine Sorge: Der Anstieg danach ist weit weniger steil. Unten trifft man auf den „Schinderhannes-Pfad" und gelangt zum Park mit dem Brunnen vor dem Hundertwasserhaus.

Interessante Architektur am Wegesrand: Auf unserer Tour kommen wir in Bad Soden am Hundertwasserhaus vorbei.

„Friedensreich" hieß der Architekt mit selbstgewähltem Vornamen. Auch ohne eine einzige gerade Linie steht das Haus hier seit Beginn der 90er-Jahre. Von hier führt unsere Radroute weiter in Richtung Schwalbach, benutzt für ein paar Meter wieder den Schinderhannes-Pfad und geht dann am Bahnhof (Nr. 7) vorbei aufwärts. Wir biegen nach rechts ab und radeln dann wieder nach links durch den Wald bis an die Landstraße – Vorsicht beim Überqueren! Auf der anderen Straßenseite radeln wir nach links, dann sofort wieder nach rechts, über einen Bach und aufwärts nach Schwalbach-Limesstadt. Dort auf der Straße namens Westring geht es nach links aufwärts bis zu einer Brücke. Direkt dahinter biegen wir rechts ab, fahren über die Brücke in den Wald, dann geradeaus bis fast zur Landstraße, schließlich nach rechts und aus dem Wald heraus.

Am Opel-Zoo vorbei

Erdmännchen im Opel-Zoo

Der Weg führt jetzt über eine Lichtung mit mehreren beschrifteten Stelen rechts und links. Dann wieder ein Stück durch den Wald bis zur Route des Regionalparks zum Opel-Zoo, hier scharf nach links über eine Brücke, dann abwärts bis zur Straße. Vorsicht beim Überqueren! Weiter nach rechts auf dem Radweg links der Straße.

Nach einer kurzen, aber heftigen Steigung erreichen wir die Ampelkreuzung an der Frankfurter Straße. Hier halten wir uns Richtung Oberursel, fahren am Bahnhof Kronberg-Süd (das ist jetzt Nr. 8) vorbei, dann nach Kronberg-Oberhöchstadt, hinter der Kirche steil aufwärts und dann links an der Landstraße entlang. Sobald wir an der Waldsiedlung vorbei sind, wechselt der Radweg auf die rechte Straßenseite. Hier unbedingt die Ampel nutzen, denn es wird schnell gefahren! Unsere Route führt an Stierstadt vorbei und immer weiter in Richtung Bahnhof Oberursel. Ab dort radeln wir die gleiche Strecke wie auf dem Hinweg, bis wir wieder am Bahnhof in Bad Homburg angekommen sind.

19 **EINE TOUR FÜR GIPFELSTÜRMER**

Aufstieg zum Großen Feldberg

Saalburg
Dillingen
Fried
Dornholzhausen
Kirdorf
Start
Ziel
Seulberg
Oberstedten
Bad Homburg
Gonzenheim
Ober-Eschba
Oberursel
Bommersheim
© OpenStreetMap-Mitwirkende

19 EINE TOUR FÜR GIPFELSTÜRMER

Aufstieg zum Großen Feldberg

Start/Ziel: Kirdorfer Kreuz in Bad Homburg v. d. Höhe
Streckenlänge: ungefähr 40 km
Schwierigkeitsgrad: anspruchsvoll; einige herausfordernde Steigungen sowie Gefällstrecken, die Konzentration erfordern; Fahrrad mit Vorderradfederung ist von Vorteil
Dauer: 3:15 - 3:45 h
Einkehrmöglichkeiten: Oben auf dem Feldberg, ansonsten auf dem Sandplacken und Hohemark.

Mit dem Motorrad oder mit dem Auto kann es ja jeder, mit einem Fahrrad dagegen müssen sich Gipfelstürmer schon ein wenig anstrengen und Geduld haben. Weithin sichtbar ist er mit seinem Turm – der Große Feldberg. Dem wollen wir uns nähern. Dazu sollte man sich möglichst trockenes und warmes Wetter aussuchen. Denn man sollte sich bewusst sein, dass man hier mit dem Rad ins Gebirge fährt. Eine gefüllte Trinkflasche am Rad ist Pflicht, denn unterwegs kann man über weite Passagen nicht „nachtanken“.

Zu Beginn der Tour sind wir in Kirdorf auf 185 Metern Höhe.

Die Tour startet in Bad Homburg am Kirdorfer Kreuz, einfach deshalb, weil am Brunnen gegenüber die genaue Starthöhe steht: 185 Meter. Es geht zunächst den Götzenmühlweg bis zur Ampelkreuzung mit dem Gluckensteinweg hinauf. Auf der anderen Seite geht eine Einbahnstraße schräg nach rechts weiter. Die fahre man abwärts und biege unten rechts ab, dann nach links und bis zur Saalburgstraße.

Die muss man an einer Fußgängerampel links überqueren. Weiter in derselben Richtung über zwei Kreuzungen mit Rechts vor Links bis zur Tannenwaldallee. Die führt nach rechts aufwärts mit mäßiger Steigung. Die Bundesstraße wird mittels Brücke überquert. Es geht weiter immer geradeaus, am Gotischen Haus vorbei und solange weiter, bis ein Waldweg nach rechts mit der Radwegweisung zur Saalburg führt. Diesem Weg folge man lange durch den Wald aufwärts. Rechts hat man über Pferdeweiden hinweg schöne Ausblicke auf Bad Homburg. Die Steigung ist zunächst nur mäßig, wird aber rund 500 Meter vor der Saalburg heftiger.

Über den Limes-Radweg

Oben auf rund 420 Metern Höhe angekommen, folge man zunächst dem Schild in Richtung Herzberg. Es geht aber nicht nach links zum Herzberg, sondern geradeaus weiter auf der rückgebauten Landstraße Richtung Obernhain. Auf ihrem höchsten Punkt gehen links zwei Wege ab. Der rechte davon ist nicht asphaltiert und sollte gemieden werden, weil er nur sehr schwer befahrbar ist. Der linke ist asphaltiert und führt als Deutscher Limes-Radweg weiter. In einigen Kurven geht's aufwärts, bis man den Asphalt auf seinem höchsten Punkt verlässt und auf einem Sandweg weiter geradeaus fährt. Nach rund zwei Kilometern geht der Weg scharf nach links abwärts. Achtung: Hier unbedingt geradeaus fahren, denn der abschüssige Weg ist in sehr schlechter Verfassung und gefährlich. Man fahre also geradeaus durch ein Gebiet mit sehr vielen Baumstümpfen, die zwar nicht gut aussehen aber ungefährlich sind. Der Weg ist erneuert und sehr gut befahrbar. Man hält sich Richtung Sandplacken und erreicht so nach wenigen Kilometern die Landstraße. Dort vorsichtig nach links und aufwärts bis

Das metallene Kreuz markiert den Gipfel des Großen Feldbergs.

zum Sandplacken fahren. Der ist rund 620 Meter hoch, also hat man schon einiges geleistet!

Zwei Varianten

Der Gipfel ist noch rund drei Kilometer entfernt. Es gibt für den weiteren Weg zwei Varianten: Man kann geradeaus fahren und auf der Landstraße bleiben oder den Limes-Rad- und Wanderweg abseits der Straße nehmen, der allerdings ein wenig holprig ist. Dem kann man rund einen Kilometer weiter folgen, sollte dann aber für die letzten zwei Kilometer auf die Straße wechseln, denn der Weg wird zum Schluss unbefahrbar wegen Geröll und starker Steigung. Am Ende ist der Feldberg erreicht; mit fast 900 Metern Höhe (wie kürzlich amtlich vermessen sind es genau 880,97 Meter) hat er durchaus ein Hochgebirgsklima.

Der von Bäumen freie Gipfel erlaubt weite Blicke in den nördlichen Taunus – wenn es nicht neblig ist. Besonders sehenswert ist der Brunhildisfelsen. Bis hierher sind wir rund 19 Kilometer gefahren.

Es mag überraschen, dass hier für den Rückweg die Straße nach Oberursel empfohlen wird. Wer das nicht mag, muss denselben Weg abwärts nehmen. Das verursacht ähnlichen Stress wie die Straße, weil man ständig mit Gegenverkehr rechnen muss. Auf etwa halbem Wege nach unten passiert man die sogenannte „Applauskurve“, eine 180-Grad-Wende, die mit Schwellen gesichert ist, um Motorräder auszubremsen. Hier ist besondere Vorsicht geboten.

Tafel des Feldberg Kreuzes verweist auf die „alte“ Höhe

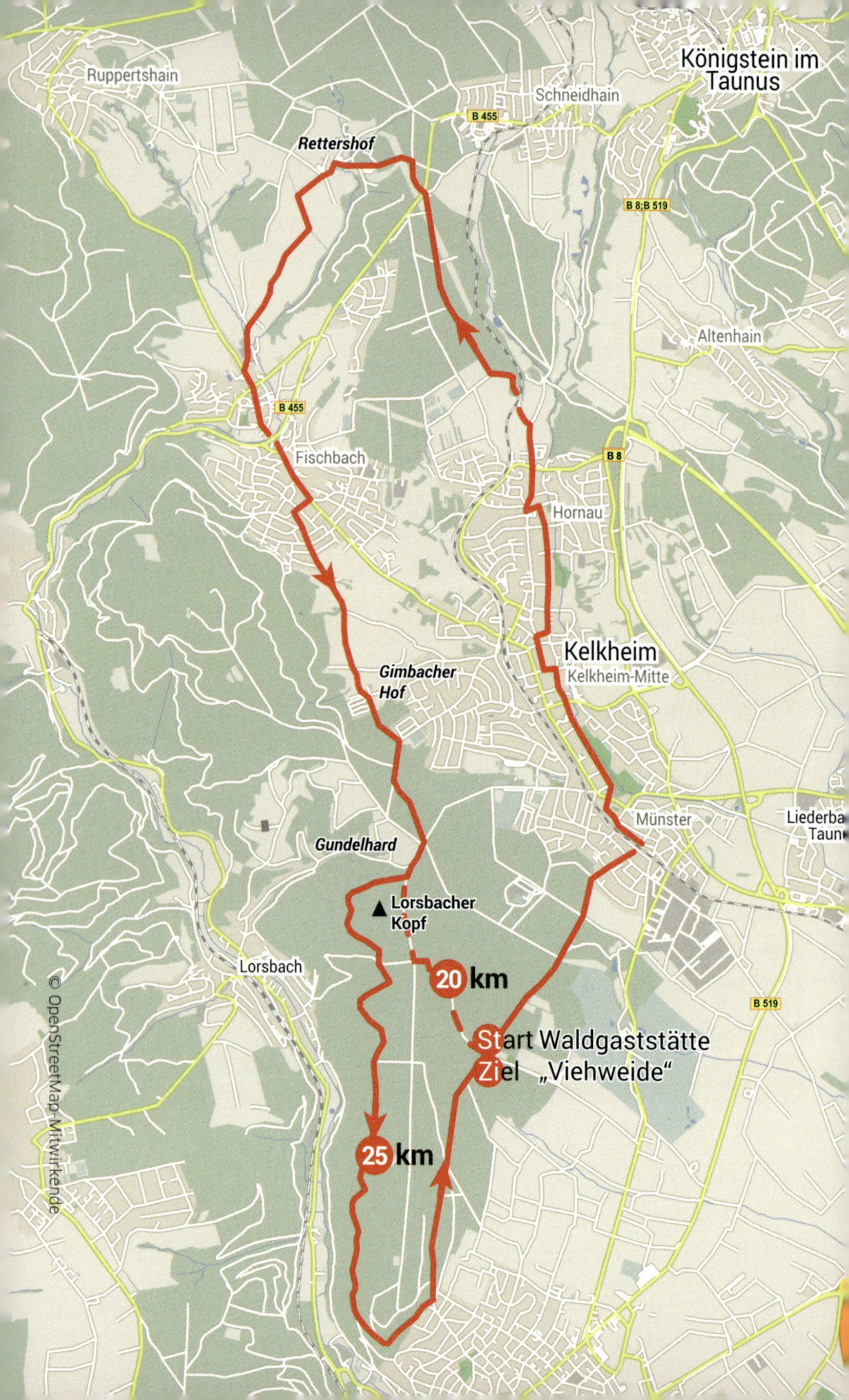

Königstein im Taunus
Ruppertshain
Schneidhain
B 455
Rettershof
B 8;B 519
Altenhain
B 455
Fischbach
B 8
Hornau
Kelkheim
Kelkheim-Mitte
Gimbacher Hof
Münster
Liederba
Taun
Gundelhard
Lorsbacher Kopf
Lorsbach
20 km
B 519
Start Waldgaststätte
Ziel „Viehweide“
25 km
© OpenStreetMap-Mitwirkende

20 DURCH DEN WALD ZUM RETTERSHOF

Idyllische Wege und herrliche Ausblicke

Start/Ziel: Waldgaststätte „Viehweide" in Hofheim
Streckenlänge: ungefähr 25 km; kürzere Route 20 km
Schwierigkeitsgrad: mittel; einige herausfordernde Steigungen und Gefällstrecken, die Konzentration erfordern; Fahrrad mit Vorderradfederung ist hilfreich
Dauer: 1:30 – 2:00 h
Einkehrmöglichkeiten: Zahlreiche Optionen wie beispielsweise die Viehweide, der Rettershof und Gimbacher Hof sowie in Gundelhard.

Diese Tour ist zwar nicht allzu lang, aber durchaus etwas anspruchsvoll. Sie erfordert ein Fahrrad, das sich gut auf Waldwegen fahren lässt. Wer sie in Angriff nimmt, sollte fit sein und keine Angst vor Anstiegen und Abfahrten haben, denn davon gibt es einige. Die Belohnung besteht in schönen Aussichten und idyllischen Waldwegen.

Startpunkt dieser Tour ist der Parkplatz unterhalb der Waldgaststätte „Viehweide" in Hofheim. Dort biegen wir an der Gaststätte nach rechts ab, fahren durch den Wald nach Kelkheim-Münster. Und dann vor der Bahnlinie nach links. Man muss sein Rad vorsichtig über einen unbeschrankten Übergang für Fußgänger schieben. Jenseits der Bahn folgen wir den grünen Wegweisern Richtung Königstein.

Am Bach entlang

Von hier aus geht es zunächst durch einen kleinen Park und entlang des Liederbachs. Die Radroute ist in Kelkheim vollständig beschil-

Die kleine Hütte neben dem Restaurant gibt einen Eindruck davon, wie liebevoll die Gebäude am Rettershof hergerichtet sind.

dert; leider sind aber einige Schilder beklebt oder versteckt. Deshalb hier eine kleine Hilfe, damit man sich nicht verfährt: Wir erreichen den Kelkheimer Markt an seiner unteren rechten Ecke und verlassen ihn an seiner oberen linken. Dann nach rechts abbiegen in die Bahnstraße, anschließend nach links in die Feldbergstraße, mit Blick auf den gleichnamigen Taunusgipfel. Die Rotlintallee fahren wir nach links, die Hornauer Straße nach rechts, die Rotebergstraße schräg nach links. Dann geht es auf dem Feldweg nach links in Richtung Ruppertshain und Rettershof.

Hier führt die Tour jetzt steil hoch über einen unbeschrankten Bahnübergang (Züge geben ein lautes Signal) und dahinter nach rechts in Richtung Rettershof auf einem leicht ansteigenden Waldweg. Am Ende des Weges halten wir uns rechts, fahren rund 200 Meter auf der Bundesstraße und biegen dann vorsichtig nach links ab. Nach ein paar Hundert Metern ist der Rettershof erreicht, der höchste Punkt dieser Tour. Der Gebäudekomplex stammt aus dem

12. Jahrhundert und war ursprünglich ein Kloster. Das malerische Hauptgebäude mit Tor hält Informationen zur Geschichte des Hofes bereit. Es gibt ein Café und ein Restaurant und auch sonst mancherlei zu sehen.

Viele Kurven

Von hier aus geht es weiter in Richtung Fischbach. Dort radeln wir auf der ersten Straße nach links und überqueren an einer Ampelkreuzung die Eppsteiner Straße. Wir fahren geradeaus weiter, bis rechts ein schmaler Sandweg abzweigt. Ab hier folgen wir den grünen Schildern in Richtung Gimbacher Hof. An der Königsberger Straße nach links, dann wieder nach rechts. Über eine Waldlichtung und durch eine Senke erreicht man in schneller Fahrt den Gimbacher Hof. Rechts dahinter ist ein Campingplatz. Ab hier halten wir uns an die Wegweisung „Gundelhard". Nach wenigen Hundert Metern durch den Wald ist sie erreicht. Hier kommt der hessische Radfernweg R8 von links.

Hinter der Gundelhard hat man dann die Wahl: Man kann direkt zur Viehweide gelangen, dann ist die Tour nach insgesamt rund 20 Kilometern beendet. Schöner jedoch ist die längere Variante: Dazu folgen wir dem Waldweg nach rechts. Dieser Weg hat viele Kurven und führt durch den Wald bis unterhalb des Kapellenbergs. Wichtig ist, dass man hier nach rund vier Kilometern nicht geradeaus weiter abwärts fährt, sondern nach links aufwärts – ansonsten landet man in Hofheim.

Folgt man dem Weg weiter quer durch den Wald, erreicht man nach weiteren zwei Kilometern die Gaststätte „Viehweide" – Start- und Zielpunkt dieser kleinen, aber anspruchsvollen Radtour.

B 456
17 km
Herzbergturm
Forellengut
Oberstedt
Klinik Hohe Mark
Oberurs
B 455
B 455
© OpenStreetMap-Mitwirkende

21 **DER HAUSBERG BAD HOMBURGS**

Aufstieg von Oberursel auf den Herzberg

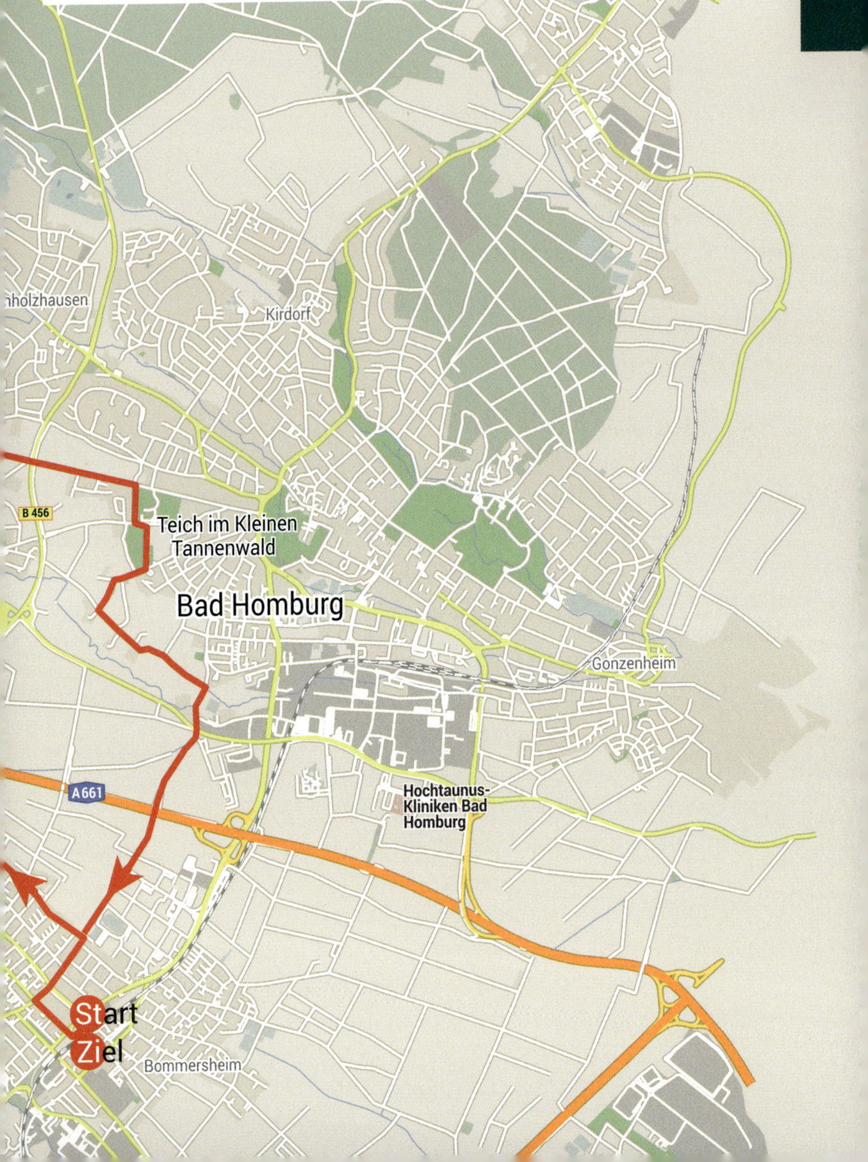

21 DER HAUSBERG BAD HOMBURGS

Aufstieg von Oberursel auf den Herzberg

Start/Ziel: Bahnhof Oberursel
Streckenlänge: ungefähr 35 km
Schwierigkeitsgrad: anspruchsvoll; für Untrainierte, Anfänger und Kinder nicht geeignet; Elektroräder sind ausdrücklich erlaubt; eine Vorderradfederung ist hilfreich
Dauer: 3:00 – 3:30 h
Einkehrmöglichkeiten: Raststätten auf dem Herzberg und in Oberursel.

Wir starten unsere Tour am Bahnhof Oberursel. Es geht zunächst über die Adenauerallee aufwärts bis zur Ampelkreuzung, dann nach rechts über die U-Bahn-Gleise bis zur Bleibiskopfstraße – wer überholende Autos nicht fürchtet, kann natürlich auch den Bahngleisen folgen, das ist der kürzeste aber auch der lauteste Weg. Wir folgen den grünen Radwegweisern in Richtung Hohemark. Kurz hinter der Kreuzung mit der B456 geht die Mainstraße nach rechts ab. Ein kurzer Abstecher führt hier zum Gelände des Dampfbahnclubs Taunus. Die Anlage ist riesig und sehenswert. Züge mit der kleineren Spurweite befahren eine Gebirgslandschaft, die mit der großen Spurweite befördern Personen, sogar durch einen Tunnel. Die jeweiligen Fahrtage kann man im Internet nachschlagen.

Wir fahren zurück auf die Dornbachstraße und weiter aufwärts. Wenn man den Radwegweisern folgt, geht es ein paar Mal nach rechts und links. Verfahren kann man sich aber nicht, denn man folgt immer dem Tal des Urselbachs und landet irgendwann auf der Hohemarkstraße, spätestens an der „Waldlust". Die letzten 500 Meter fährt man auf dem Gehweg links. Nach rund sechs Kilo-

Dampfbahn-Club Taunus

metern ist die Hohemark mit dem Taunus-Informationszentrum erreicht.

Es geht weiter auf einer Brücke über die Hauptstraße in den Wald hinein. Am Kelten-Oppidum Goldgrube vorbei führt der Weg zunächst geradeaus aufwärts, dann gemäß Radwegweiser nach rechts abwärts bis zu den Mammutbäumen links. Ab jetzt kann man getrost den Wegweisern zur Saalburg folgen. Weiter abwärts und bei der Hardertsmühle über den Dornbach hinweg. An der nächsten Kreuzung geht es links zum Forellengut. Vorsicht, gelegentlich kommen Autos von links oder rechts. Unser Weg geht geradeaus, wird vorübergehend sehr holprig und führt zunächst abwärts über den Heuchelbach und dann steil bergan bis zur Luthereiche rechts. Mit geringerer Steigung geht es weiter hoch in Richtung Saalburg, die man kurz hinter der Jupitersäule nach rund 13 Kilometern und etwa 300 Höhenmetern erreicht.

Kurzes Verschnaufen ist hier ratsam, denn es wird noch heftig. Wir folgen den Hinweisschildern zum Herzberg und zum Parkplatz. Bis dorthin ist der Weg asphaltiert und für Autos befahrbar. Da-

Feldbergblick

nach ist der Weg unbefestigt. Wo einst Wald war, ist hier rechts und links des Weges jetzt leider eine große Öde, hoffentlich nur vorübergehend. Es kommt ein Teilstück von rund 300 Metern, auf dem Schieben keine Schande ist. Man achte auf gelegentlichen Lieferverkehr mit Autos, das gilt natürlich noch mehr bei der anschließenden Abfahrt! Kurz vor dem Gipfel wird die Steigung wieder erträglicher. Nach rund 17 Kilometern und etwa 550 gefahrenen Höhenmetern ist der Gipfel erreicht.

Man ist jetzt rund 600 Meter hoch und sollte sich belohnen, entweder mit Bier oder mit einem Aufstieg auf den Herzbergturm, besser mit beidem. Oben gibt es reichlich Aussicht auf den Feldberg, die Wetterau und das Rhein-Main-Gebiet – wenn das Wetter mitspielt. Der große Haufen Feuerholz neben dem Turm ist hier oben im Winter sicher sehr nützlich.

Luthereiche durch Dürre geschädigt.

Luthereiche

Der Rückweg sollte zunächst auf derselben Strecke stattfinden. Dabei sollte man an dem schon bekannten Steilstück besondere Vorsicht walten lassen, denn wird man zu schnell, haben die Bremsen keine Chance. Außerdem sollte man jederzeit mit entgegenkommenden Autos rechnen, auch wenn diese nur selten hier langfahren.

An der Saalburg nimmt man den Waldweg abwärts links der Jupitersäule. Es ist weiterhin äußerste Vorsicht geboten, denn es gibt zwar keine Autos mehr, dafür aber Wanderer und andere Radfahrer. Wir fahren weiter abwärts bis zur Elisabethenschneise, die eine normale Straße mit Auto- und Busverkehr ist. Vorsicht! Aber nach wenigen Metern geht der Weg wieder ohne Autos geradeaus abwärts in den Großen Tannenwald, am Gotischen Haus vorbei, auf einer Kastanienallee bis zur Bundesstraße. Die wird auf einer Brücke überquert. Nach rund 1.500 Metern geht es nach rechts weiter auf den kombinierten Radrundwegen von Bad Homburg und Oberursel, am Gustavsgarten und dem Kleinen Tannenwald vorbei und hoch auf den Platzenberg. Wieder abwärts und an einer Ampel über die Umgehungsstraße. Auf der anderen Seite geht es auf dem Radweg aufwärts, über die Autobahn, dann abwärts nach Oberursel hinein. Hat man die Schule und den Sportplatz passiert, befindet man sich wieder auf der Bleibiskopfstraße. Der restlichen Weg zum Bahnhof deckt sich mit dem Hinweg.

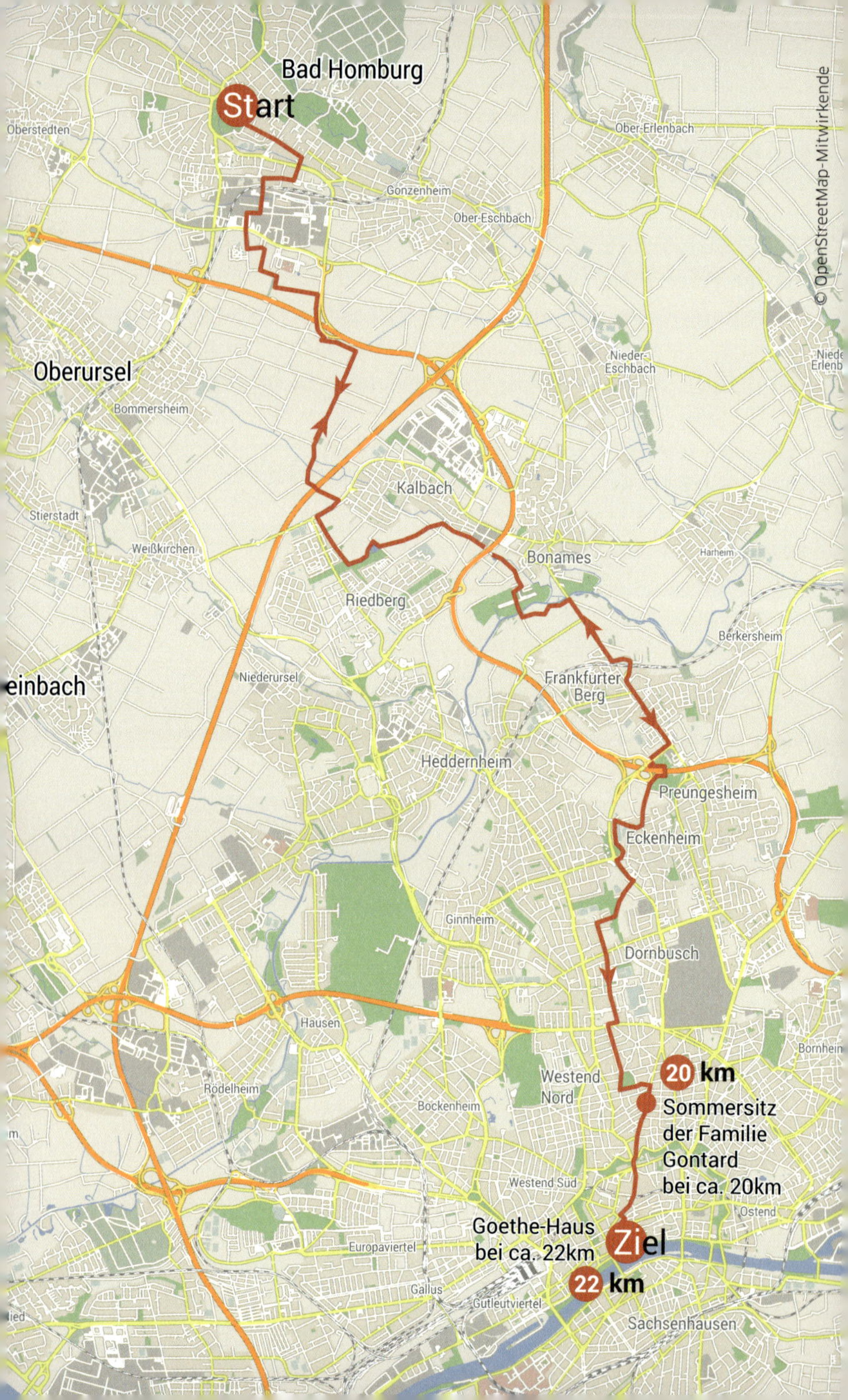
Bad Homburg
Start
Oberstedten
Gonzenheim
Ober-Eschbach
Ober-Erlenbach
© OpenStreetMap-Mitwirkende
Oberursel
Bommersheim
Nieder-Eschbach
Kalbach
Stierstadt
Weißkirchen
Bonames
Harheim
Riedberg
Berkersheim
Frankfurter Berg
Niederursel
Heddernheim
Preungesheim
Eckenheim
Ginnheim
Dornbusch
Hausen
20 km
Westend Nord
Sommersitz der Familie Gontard bei ca. 20km
Rödelheim
Bockenheim
Westend Süd
Ostend
Goethe-Haus bei ca. 22km
Ziel
Europaviertel
22 km
Gallus
Gutleutviertel
Sachsenhausen

22 UNTERWEGS AUF DEM HÖLDERLIN-PFAD

Auf den Spuren von Dichter und GrünGürtel-Tier

Start/Ziel: Schloss Bad Homburg v. d. Höhe
Streckenlänge: ungefähr 45 km (hin und zurück)
Schwierigkeitsgrad: mittel; einige Steigungen
Dauer: 4:15 – 4:45 h

Hälfte des Lebens (Friedrich Hölderlin, 1770-1843)

Mit gelben Birnen hänget
Und voll mit wilden Rosen
Das Land in den See,
Ihr holden Schwäne,
Und trunken von Küssen
Tunkt ihr das Haupt
Ins heilignüchterne Wasser.

Weh mir, wo nehm' ich, wenn
Es Winter ist, die Blumen, und wo
Den Sonnenschein
Und Schatten der Erde?
Die Mauern stehn
Sprachlos und kalt, im Winde
Klirren die Fahnen.

Info-Tafeln am Schloss Bad Homburg

Dieses berühmte Gedicht kann nur auf dem Hof des Homburger Schlosses entstanden sein, denn nur von dort ist der Schlossteich zu sehen und sind die Windfahnen aus Metall auf den Türmen zu hören. Friedrich Hölderlin hat gegenüber an der Ecke Löwengasse/Dorotheenstraße gewohnt und ist oft durch den Schlosspark spaziert. Zwei Jahre lang ist er von hier an jedem ersten Donnerstag im Monat zu seiner geliebten Susette Gontard, die anderweitig verheiratet war, nach Frankfurt gezogen – und auch wieder zurück, damals natürlich noch zu Fuß, ganz ohne Fahrrad. Das würdigt heute der Hölderlin-Pfad, der direkt am Schlosstor beginnt. „Pfad“ klingt sehr nach Fußweg. Es zeigt sich jedoch, dass der Weg fast durchgehend befestigt und mit dem Fahrrad benutzbar ist – und das völlig legal.

Start der Tour ist am Schlosstor. Die Wegmarkierung mit dem Kopf des Dichters ist für Radler durchaus groß genug. Allerdings sind die Zeichen relativ sparsam verteilt und die Richtungspfeile oft verblasst. In der Frankfurter Innenstadt sucht man mitunter vergebens. Also lohnt es sich, die folgende Beschreibung zu lesen: Es

Gedenkstein am Niddauferweg

geht die Dorotheenstraße geradeaus abwärts, dann weiter durch die Schöne Aussicht bis ans Ende.

Jetzt nach rechts, am Bahnhof vorbei und die Frölingstraße aufwärts bis zur Ampelkreuzung, hier nach links, über die Eisenbahn hinweg, geradeaus bis ans Ende der Straße, nach rechts bis zur Ampelkreuzung mit der Zeppelinstraße. Weiter geradeaus, am Kronenhof nach links, am Tierfriedhof vorbei und unten vor der Brücke nach rechts, über die Autobahn, jetzt dem Regionalpark-Rundweg folgend, bis der nach rechts abbiegt. Der Hölderlin-Pfad geht nach links über die Autobahn, dann nach rechts bis zu einer Ampel. Bitte unbedingt hier die Straße queren, denn die Autos fahren sehr schnell! Jenseits der Straße geht es sofort wieder nach rechts in Richtung Riedberg. Jetzt lange bergab, an einem kleinen See vorbei, bis an den Kalbach. Hier ist der Weg tatsächlich für ein paar Meter nur ein Pfad. Weiter unter der Autobahn hindurch bis zu einem unbeschrankten Übergang über die U-Bahn. Die Schienen sind weithin einsehbar, dennoch Vorsicht! Wenig später erreicht man den

Schlossteich Bad Homburg

Alten Flugplatz und überquert auf der Robert-Gernhardt-Brücke die Nidda. Rechts steht das vom Namensgeber entworfene und „nach der Natur gebaute“ GrünGürtel-Tier. (Hölderlin allerdings konnte die Nidda nur über die alte Brücke in Bonames queren, die heute über einen Altarm führt). Jetzt fährt man ein Stück die Nidda aufwärts und biegt vor der Ampel nach rechts auf den breiten Radweg ab. Weiter aufwärts bis zur Main-Weser-Bahn. Der Hölderlin-Pfad unterquert hier die Bahn. Mit dem Fahrrad muss man aber an der Straße bleiben und die Bahn auf einer Brücke überqueren. Weiter auf der Homburger Landstraße bis zum Autobahn-Zubringer, davor nach rechts auf einen Sandweg abbiegen. Zunächst unter der Autobahn hindurch, dann über eine Brücke hinüber nach Eckenheim. Ab jetzt aufpassen, denn der Hölderlin-Pfad wird teilweise wirklich zu einem Pfad und windet sich am Rande von Eckenheim entlang. Hier muss man auf die Zeichen mit dem Kopf des Dichters achten. (Man bedenke, dass Hölderlins Wanderung ein durchaus pikantes Ziel hatte und er deshalb wohl abseits von Wegen und mit wechselnden Routen unterwegs war). Ab der Gaststätte „Jahnvolk“ teilt sich der Hölderlin- Pfad den Weg mit der Radroute in die Frankfurter Innenstadt, die mit grünen Pfeilen markiert ist. Es ist einfacher, dieser Radroute bis zum Holzhausen-Park zu folgen. Hier allerdings müssen Hölderlin-Verehrer nach links abbiegen und bis zum Oeder

Weg fahren, denn hier lag der Sommersitz der Familie Gontard, Hölderlins Ziel. Die Adlerflychtstraße geht vom Oeder Weg links ab. Bis hierher sind es etwa 20 km. Die konnte Hölderlin sicher an einem Tag zurücklegen, musste jedoch vermutlich noch am selben Tag aus bereits genannten Gründen wieder zurück. Weiter geht es auf dem Oeder Weg bis zum Eschenheimer Turm. Jetzt noch nach Schildern mit dem Kopf des Dichters Ausschau zu halten, ist nicht ratsam. Man folge also den grünen Pfeilen bis zur Hauptwache. Weiter geradeaus bis zum Goetheplatz. Hier zeigt ein letztes Hölderlin-Schild nach links zum Großen Hirschgraben, wo Hölderlin als Hauslehrer gearbeitet hat. Am Goethehaus endet der Hölderlin-Pfad nach rund 22 km. Hölderlin-Fans müssten eigentlich auf demselben Weg zurückfahren. Einfacher ist es, die Radroute über Dornbusch und Eschersheim zu nehmen, denn die ist besser markiert. Man kommt dann zur Nidda und fährt über Bonames, Nieder-Eschbach und Gonzenheim nach Bad Homburg zurück. Der Hölderlin-Pfad ist bis auf wenige Hundert Meter durchgehend befestigt. Er verläuft außerhalb Frankfurts meist autofrei. Nur die letzten zwei bis drei Kilometer vor dem Goethehaus sind wirklich ein wenig stressig.

GrünGürtel-Tier

Nieder-Mörlen
Wisselsheim
Rödgen
Bad Nauheim
Schwalheim
25 km
Start
Ziel
Ockstadt
Friedberg

23 AUF DEM SALZWEG

Nordseeluft in der Wetterau

23 AUF DEM SALZWEG

Nordseeluft in der Wetterau

Start/Ziel: Bahnhof Friedberg
Streckenlänge: insgesamt etwa 25 km, davon etwa 15 km Salzkultur
Dauer: 2:00 h
Schwierigkeitsgrad: klein bis mittel; eine stärkere Steigung von der Wetter hoch bis zum Rosenpavillon
Einkehr: in Bad Nauheim oder Friedberg gibt es viele Möglichkeiten

Diese kleine Tour führt zu Stätten der Bad Nauheimer Salzkultur. Man achte daher auf Info-Tafeln am Wegesrand. Der Salzweg ist ein Wanderweg und daher nicht durchgehend mit dem Rad befahrbar. Start ist am Bahnhof Friedberg. Der ist recht eindrucksvoll und aus allen Richtungen leicht zu erreichen.

Zunächst aufwärts vom Bahnhof in Richtung Innenstadt bis zur breiten Kaiserstraße. Man passiert hier den Elvis-Presley-Platz.

(Kleine Anekdote dazu: Vor ein paar Jahren kam der Verfasser dieser Zeilen auf dem Fahrrad hier vorbei. Der Platz hatte noch keinen Namen und bestand aus einem großen Erdloch, das mit einem Zaun umstellt war. Drinnen arbeiteten in gebückter Haltung eine Frau und ein Mann. Um sie aufzumuntern, fragte ich: „Ist das Archäologie oder Straßenbau?“ Die Antwort war sehr elegant: „Raten Sie mal!“ Darauf konnte die Antwort nur lauten: „Archäologie.“ „Richtig.“ „Und was hoffen Sie zu finden?“ „Keller, spätmittelalterlich.“ „Aber Friedberg ist doch viel älter ... Sie sollten tiefer graben.“ Zwei Wochen später, dieselbe Stelle: am Zaun ein Plakat mit Foto und dem Text: „Römische Wagenspur gefunden!“).

Weiter auf der anderen Seite der Kaiserstraße abwärts, bis man auf die Radroute nach Bad Nauheim stößt. Auf der geht es weiter an der Usa etwa drei Kilometer bis zur Fußgängerampel am Gradierwerk III. Über die Straße und nach rechts aufwärts. Nach wenigen Metern kommt der Salzweg von links. Er ist mit einem „S" markiert. An den Gradierwerken IV und V vorbei. Durch zwei Tunnel, dann über eine Brücke und abwärts zum Schwalheimer Rad. Das hölzerne Gestänge diente dazu, die Wasserkraft der Wetter zum Hochpumpen salzigen Wassers zu nutzen. Weiter bis zur Landstraße, rechts über die Wetter und gleich wieder nach links. Auf dem Asphaltweg bleiben, denn der Salzweg ist teilweise nicht befahrbar. Am Ende des Weges nach rechts bis zur Landstraße und zu den beiden Quellen (Löwenquelle, Sauerbrunnen). Das Wasser ist trinkbar und schmackhaft, gar nicht salzig.

Auf dem Weg wieder zurück und geradeaus bis nach Rödgen hinein, hier auf der Straße bleiben. Unten nach links abbiegen, die Wetter überqueren und sofort nach rechts fahren. Geradeaus bis zu den Salzwiesen. Ab hier ist der Salzweg unbefahrbar. Also nach rechts hoch zur Straße. Weiter auf dem Radweg nach links, bis ein Weg links zum Hofgut Löwenthal geht. Der kleine Abstecher lohnt sich

Pumpgestänge in Schwalheim

Löwenquelle in Schwalheim

wegen einer Info-Tafel und eines bewohnten Storchennests. Dann zurück zur Straße, nach links bis zur Kreuzung beim Rosengut. Hier nach links aufwärts über die Museumsbahn zum Rosenpavillon. Auf dem Radweg links aufwärts bis zur Ampel. Nach links weiter auf der Straße, die die B3 auf einer Brücke überquert. Hinter dem Bahnübergang nach links bis zur Bahnbrücke über die B3. Hier trifft man wieder auf den Salzweg. Ein Abstecher zu Fuß geradeaus abwärts

Solgraben in Bad Nauheim

lohnt sich wegen des Ausblicks von einem Rastplatz und einer Info-Tafel zu den Salzwiesen. Anschließend dem Salzweg durch den Goldsteinpark folgen. Am Museumsbahnhof erreicht man mit einem Aufzug abwärts den Tunnel unter der Bahn. Auf der anderen Seite des Tunnels nach rechts, am Bad Nauheimer Bahnhof vorbei nach links abwärts bis zum sehenswerten Sprudelhof. Weiter auf dem Salzweg bis zum Gradierbau I. Vorsichtig auf dem Fußweg am Solgraben entlang, über eine Brücke bis zum Solebecken am Gradierbau IV. Ab hier ist der Rückweg zum Bahnhof Friedberg (ca. 4 km) wie der Hinweg.

24 VON PRINZEN UND PFERDEN

Viele Beine, darunter ein silbernes

Dillingen
Friedrichsdorf
Seulberg
A5
Start
Ziel
28 km
Gonzenheim
Ober-Eschbach
24

24 VON PRINZEN UND PFERDEN

Viele Beine, darunter ein silbernes

Start/Ziel: Bahnhof Bad Homburg v. d. Höhe
Streckenlänge: etwa 28 km
Dauer: 2:00 h
Schwierigkeitsgrad: klein bis mittel; eine lange mäßige Steigung, ein paar kurze. Der lange Anstieg auf der Tannenwaldallee erfordert mehr Geduld als Kraft.
Einkehr: in den Innenstädten Bad Homburg oder Friedrichsdorf

Eine kleine Reise zu den Prinzen und Landgrafen von Hessen-Homburg und ihren treuen Begleitern: Die Tour beginnt am Bahnhof in Bad Homburg und wird auch dort enden. Zunächst fahren wir zum Schloss: über den Bahnhofsvorplatz, dann nach links und an der Ampel nach rechts, über die nächste Ampelkreuzung geradeaus, dann entlang der „Schönen Aussicht" nach links und immer geradeaus aufwärts bis zum Schlosstor. Kurzer Blick auf die zwei großen Zedern vor dem Schloss und auf den Beginn des Hölderlin-Pfads. Nach rechts durch die Löwengasse, an deren Ende nach links, abwärts auf dem Basaltpflaster (Vorsicht bei Nässe!) und nach links aufwärts in den oberen Schlosshof.

Man stelle sich vor den Weißen Turm und blicke auf die Figuren über dem Portal gegenüber. Der Erbauer des Schlosses, Landgraf Friedrich II, sprengt hier in barocker Pracht auf seinem Pferd aus dem Mauerwerk heraus. Als Prinz Friedrich von Homburg hatte er im Jahre 1675 Weltruhm erlangt, weil er bei Fehrbellin als Kavallerie-General unter dem brandenburgischen Kurfürsten Friedrich Wilhelm ein weit überlegenes schwedisches Heer vernichtend geschlagen hatte. Und das nach zehntägigem Ritt mit seiner Beinprothese („Silbernes Bein") und ganz ohne Fußtruppen – eigentlich eine Wahnsinnstat. Heinrich von Kleist hat in seinem Drama „Prinz Friedrich von Homburg" in dichterischer Freiheit eine Erklärung versucht. Das sei ihm zugestanden. Die Wahrheit ist aber wohl eine andere: Prinz Friedrich hatte ganz in der Nähe von Fehrbellin die Stadt Neustadt/Dosse gegründet, samt einem großen Gestüt, und dort auch selbst gewohnt. Und diese Stadt samt Pferden musste unbedingt vor den marodierenden Schweden geschützt werden! Zum Dank heißt die Hauptstraße hier bis heute „Prinz-von-Homburg-Straße", die größte Schule „Prinz-von-Homburg-Schule". Und das Gestüt ist als „Brandenburgisches Haupt- und Landgestüt" weltberühmt.

Weiter geht unsere Tour abwärts auf der Herrengasse (Vorsicht bei Nässe!), dann unten nach links über die Ritter-von-Marx-Brücke bis zur nächsten Ampelkreuzung. Nach links abbiegen auf die Fahrradspur, über die nächste Ampel und dann nach rechts in die Tannenwaldallee. Jetzt geht es stetig leicht bergauf durch die „Landgräfliche Gartenlandschaft" bis zum Gustavsgarten links. Den darf man durchfahren. Am anderen Ende nach rechts in den Kleinen Tannenwald. Hier sollte man das Rad schieben und sich den Film über den Eiskeller mitten zwischen den Bäumen ansehen.

Weiter auf dem Bad Homburger Radrundweg zurück zur Tannenwaldallee, hier nach links weiter aufwärts, über die Bundesstraße und bis zum Gotischen Haus. Unmittelbar dahinter liegt im Wald ein landgräfliches Pferdegrab: „Hier liegt das schönste Pferd begraben, das alle Tugenden vereint. Könnt' man mit Thieren Freundschaft haben, so läge hier mein Freund".

Weiter geht's kurz zurück und auf der „Kirdorfer Allee" zur Elisabethenschneise, bis die Radroute zur Saalburg rechts abbiegt. Direkt dahinter nach links an der Baumschule vorbei bis zum Teehaus rechts mit seinem kleinen Weiher und einer Süntelbuche in der Nähe im Wald. Weiter aufwärts links am Zaun des Hirschgartens entlang bis zum Minigolfplatz. Weiter auf der Straße aufwärts, an der Buswendeschleife vorbei steil aufwärts zum Elisabethenstein, dem höchsten Punkt der Tour. Direkt dahinter kommt man zur Leopoldsbrücke.

Eiskeller im Kleinen Tannenwald

Leopold war einer von sechs Homburger Prinzen, die gegen Napoleon gekämpft haben – natürlich zu Pferde. Als einziger der sechs ist er an der Oder gefallen, wurde zunächst dort bestattet und später in die Homburger Schlosskirche überführt. „Je vois partout un Hombourg!“, soll Napoleon geflucht haben. In preußischen und österreichischen Diensten standen die sechs Prinzen seinerzeit in leitenden Funktionen. Im Jahre 1813 versperrte einer von ihnen in der Schlacht bei Großbeeren Napoleon den Weg nach Berlin und zwang ihn so in die entscheidende Niederlage in der Völkerschlacht bei Leipzig.

Wir fahren zurück steil abwärts auf der Straße bis in den Ortsteil Dornholzhausen, dort gleich nach links steil aufwärts auf dem Bad Homburger Radrundweg. Weiter geradeaus und wieder steil abwärts, vorsichtig den Golfplatz querend, bis es links unten zum

Leopoldsbrücke

Kirdorfer Bach geht. Zusammen mit dem Bach unter der Karlsbrücke hindurch, weiter auf dem Rundweg an Sportzentrum und Pferdeställen vorbei, dann nach links ins Naturschutzgebiet Kirdorfer Feld. Immer dem Rundweg folgend bis zum Oberen Rotlaufweg. Nach rechts abwärts bis zur Ampel, dann nach links auf dem Radweg an der Bundesstraße nach Friedrichsdorf. Am zweiten

Inschrift am Ph.-Reis-Museum

Inschrift an Hauswand gegenüber des Museums

Verkehrskreisel geht es nach rechts abwärts zum Landgrafenplatz. Vorbei am Denkmal der Friedrichsdorfer Bürger für Friedrich II, der als Landgraf auch diese Stadt gründete. Nach wenigen Metern rechts in die Philipp-Reis-Passage. „Das Pferd frisst keinen Gurkensalat“ waren 1861 weltweit die ersten über einen Draht gesprochenen Worte – kein Wunder: „Philipp“ heißt „Pferdefreund“. Ein Prinz war Philipp Reis allerdings nicht.

Wir schieben vorsichtig durch die Passage abwärts, weiter am Verkehrskreisel in die zweite Ausfahrt rechts, abwärts und links unter der Bahnbrücke hindurch auf dem Regionalpark-Rundweg (rotes liegendes Dreieck) immer geradeaus hinaus ins Grüne. Dem Rundweg folgen wir lange Zeit, verlassen ihn mitten im Feld und fahren geradeaus abwärts bis zur Obereschbacher Straße. Hier nach rechts, vorbei an der U-Bahn-Station und in den Haberweg. Unter der Bahn hindurch auf die Kaiser-Friedrich-Promenade. Weiter geradeaus bis zur Augusta-Allee, hier rechts ab. Nach ein paar Hundert

Inschrift am Landgrafen-Denkmal

Metern taucht links im Kurpark das Landgrafen-Denkmal auf. Hier sind sie nun alle vereint, die Landgrafen von Hessen-Homburg und ihre Prinzen, samt ihren Heldentaten und den Schlachtorten, alles im Geschmack der Kaiserzeit um 1900, allerdings ohne ihre Pferde. Die Hohenzollern pflegten ihren Gründungsmythos: ohne den Sieg der Brandenburger bei Fehrbellin kein Preußen (und ohne Preußen keine USA).

Zum Bahnhof ist es nicht mehr weit: Zurück zur Kaiser-Friedrich-Promenade, nach rechts in die Friesenstraße, über den Verkehrskreisel und geradeaus bis zum Bahnhof links.

Der Autor

Günther Gräning gehört dem Allgemeinen Deutschen Fahrradclub seit 1999 an, seit 2008 ist er Vorsitzender des ADFC Hochtaunus. Der Rentner, der früher in der IT tätig war, ist seit Jahrzehnten begeisterter Radler. „Mit dem Rad kann man alles machen: Brötchen holen, Sport treiben, verreisen, die Umwelt schützen ...“, schwärmt Gräning von der Fortbewegung auf zwei Rädern.

Bildnachweis

Seite 4, 7, 8, 11: stock.adobe.com
Seite 16: Arboretum: EvaK – https://commons.wikimedia.org
Seite 18: Zoo: Tragopan – https://commons.wikimedia.org
Seite 23: Tempel: Karsten Ratzke – https://commons.wikimedia.org
Seite 27: Kirdorf: Karsten11 – https://commons.wikimedia.org
Seite 44: Kleinmarkthalle: EvaK – https://commons.wikimedia.org
Seite 50–51: Felsenkeller: Von Marc Stephan – https://commons.wikimedia.org
Seite 52: Königsteiner Kreisel: Von Peng – https://commons.wikimedia.org
Seite 59: Reichwein
Seite 60: Von dontworry – https://commons.wikimedia.org
Seite 75: Kastel Marköbel: Von Haselburg-Müller – https://commons.wikimedia.org
Seite 132: Sachsenhäuser Warte: Axel Polsfuss – https://commons.wikimedia.org
Seite 139: Thorsten Willig

Alle anderen Abbildungen von Günther Gräning

Mappershain
Quelle
Kemel
Lindschied
Aar
Kleine Wisper
Wisper
Heimbach
Adolfseck
Wisper-see
Bad Schwalbach
auroth
Watzelhain
Springen
Kleine Wisper
Ramschied
Hettenhain
Dornbach
Langenseifen
ick-chied
Wisper
Fischbach
Fischbach
Bärstadt
Niedergladbach
Gladbach
Obergladbach
Hausen
v. d. Höhe
Hinterlandswald
Rheingaugebirge
tephans-hausen
Am Rebhang
Erbach
Eichberg
Kiedricher Bach
Kiedrich
Hallgarten
Pfingstbach
Erbach
Elsterbach
Hattenheim